Recht und Gewalt

Von

E. Brodmann
Reichsgerichtsrat

... Steht er mit festen, markigen Knochen
Auf der wohlgegründeten, dauernden Erde,
Reicht er nicht auf, nur mit der Eiche
Oder der Rebe sich zu vergleichen.

Berlin und Leipzig 1921.

Vereinigung wissenschaftlicher Verleger
Walter de Gruyter & Co.
vormals G. J. Göschen'sche Verlagshandlung / J. Guttentag, Verlagsbuchhandlung / Georg Reimer / Karl J. Trübner / Veit & Comp.

I.

Die Rechtswissenschaft ist uralt. Mit den Anfängen der ersten Gesetzgebung ist sie geboren. Sie hat geblüht und abgeblüht und wieder geblüht. Sie ist über Höhen und durch Tiefen geschritten. Aber es ist ihr nicht gelungen, zu einer sicheren Bestimmung ihres Gegenstandes zu gelangen. Wir fragen: Was ist „Recht?" und erhalten die Antwort, es ist der Inbegriff der Gesetze, Verordnungen und überhaupt der Normen des Staates, die bestimmt sind, das Verhalten der Menschen zueinander zu ordnen und zu regeln. Das ist in einem gewissen Sinne nicht unrichtig. Aber es ist unzulänglich. Es ist eine ganz äußerliche Umschreibung und trifft nicht den Kern der Sache. Es ist eine Worterklärung und keine Definition. Es trifft nicht den Begriff, der zugleich das Wesen der Sache erfaßt und ihr das Gesetz, die Möglichkeit fruchtbarer dialektischer Entwicklung gibt. Sofort tritt die weitere Frage auf, was denn seinem Wesen und seiner Substanz nach dieses in Gesetzen und Normen erscheinende Recht sei. Wir denken, wenn wir die Worte hören, an unser Bürgerliches Gesetzbuch, an das Strafgesetzbuch, die Prozeßordnungen. Vor unseren Augen steht das Handexemplar auf unserem Schreibtisch, stehen die Jahrgänge des Reichsgesetzblattes. Aber nicht dieses, nicht das Gesetzbuch in meiner Hand, auch nicht alle Exemplare, die existieren, zusammengenommen, nicht die Originalurkunde im Staatsarchiv ist unser „bürgerliches Recht". Das sind tote Dinge, während das Recht etwas Lebendiges ist. Es sind tote Dinge, die erst lebendig werden, wenn im Leben die Fälle wirklich werden, von denen in jenen Büchern geschrieben steht, wie es in ihnen sein soll. Das Recht ist seelische Substanz, es ist der wirkliche, konkrete Wille des Staates, insofern er das Leben und den Verkehr beherrscht in allen den unzähligen Fällen neben- und nacheinander, Tag für Tag, wirklicher Wille, immer fertig und bereit mit seinen Normen, Befehlen, Imperativen. Dieser Ausschnitt aus Wirklichkeit und Leben, dieser Verlauf in ungezählten, im ständigen Fluß des Geschehens kommenden und gehenden Imperativen ist das Recht.[1])

[1]) Vergl. Brodmann, Von Wesen und Begriff des Rechts, in Iher. Jahrb. 45 S. 281 ff.

Wenn in einer Anstalt die Ordnung herrscht, daß um 6 Uhr aufgestanden, um 7 Uhr gefrühstückt, um 1 Uhr zu Mittag und um 8 Uhr zu Abend gegessen wird, so gibt vielleicht jedesmal ein Glockenzeichen die Stunde an. Aber auch wo das nicht geschieht, ist es der in der Hausordnung niedergelegte, der Substanz nach immer gegenwärtige Wille des Vorstehers, der wirksam wird, indem man ihn befolgt, der gegenwärtig ist, mag der Vorsteher selbst anwesend sein oder nicht, mag er im gegebenen Augenblick an seinen Befehl denken oder nicht. Wie hier im Kleinen, so ist's im Großen im Staat. Diese lebende, wirkliche, gegenwärtige seelische Substanz und nur sie allein ist „das Recht". Im Verhältnis zu ihr sind alle Gesetze und Sätze des geschriebenen und ungeschriebenen Rechts Symbole, eine tote Masse, die erst Leben dadurch gewinnen, daß wir sie in unsere Überlegungen aufnehmen, und die erst dadurch praktisch werden, daß sie — verschieden je nach Lage des einzelnen Falles — eingehen in den für diesen Fall damit ergehenden Befehl des Staates.

So sehe ich die Dinge, und wenn im nachstehenden versucht werden soll, zu beweisen, daß ich sie richtig sehe, so leitet mich hierbei der Gedanke, daß unsere Wissenschaft auf dem zuerst von Bierling, dann von Thon und anderen so trefflich eingeschlagenen Wege allmählich in Bahnen zu geraten droht, die mir unerfreulich und unfruchtbar erscheinen.

Es gilt, um festen Boden zu gewinnen, vorab zu zwei Gegensätzen Stellung zu nehmen, von denen der eine bis auf den heutigen Tag die ihm gebührende Beachtung nicht gefunden hat, während der andere in dem heutigen Methodenstreit im Vordergrunde der Diskussion steht. Ich meine dort den Gegensatz von k o n k r e t und a b s t r a k t, hier den Gegensatz von S e i n und S o l l e n.

Der Gegensatz von konkret und abstrakt, wie hier diese Ausdrücke gebraucht werden sollen, d. h. der Gegensatz von Wirklichkeit und Gedachtem, genauer von Wirklichkeit und Nur-Gedachtem, droht uns von vornherein tief in die Philosophie und in Konflikte mit ihr zu führen. Was ist eigentlich unter dieser Wirklichkeit, unter diesem von allem Denken eines Subjektes unabhängigen, ganz objektiven Dasein der Dinge und des Geschehens zu verstehen und wie ist es zu verstehen? [1]) Wir rühren damit an Fragen, die unabweislich und sehr bald bis in die letzten Probleme alles Philosophierens hinaufführen, und damit an Fragen, in denen wir zu einem wissenschaftlich begründbaren Ergebnis überhaupt nicht gelangen können,

---

[1]) Brodmann a. a. O. S. 291. — Wiederholungen lassen sich nicht ganz vermeiden.

sondern nur zu metaphysischen Glaubensbekenntnissen, in denen jedenfalls bis jetzt die Philosophie es nicht weiter gebracht hat. Aber so ist es hier auch gar nicht gemeint. Hier will der Gegensatz nicht in philosophischem, sondern in logischem Sinne verstanden werden. Rein logisch ist er nicht nur in sich klar, sondern kann er auch empirisch mit vollendeter Sicherheit angewendet und festgehalten werden. Das ist auch nicht etwa Resignation. Die Rechtswissenschaft einschließlich der Rechtsphilosophie ist eben nicht Philosophie. Sie hat nicht nur das Recht, sondern auch die Pflicht, die methodische Pflicht, einen anderen Standpunkt wie diese einzunehmen. Sie begeht methodisch einen Fehler, wenn sie das nicht tut, wenn sie, was so oft geschieht, es zu tun vergißt.

Was der Staat ist und wie er ist, wie er ist und wie er sein sollte, das sind schwierige, sehr umstrittene Fragen. Aber eins steht unverrückbar fest, daß er ist. Wir alle bekommen das täglich nachdrücklich zu fühlen. Er ist uns mit einer gar nicht zu übertreffenden Evidenz als eine Wirklichkeit gegeben. Aber was heißt nun diese Wirklichkeit?

Keine Philosophie, kein noch so hoch gespannter Idealismus und kein Kritizismus wird den Nachweis führen können, daß das Ich die einzige, letzte hinzunehmende Gegebenheit ist. Schon logisch ist dieses Ich, für sich genommen, eine unvollendete Vorstellung oder Idee. Es ist von vornherein schon gar nicht zu denken, ohne zugleich an einem Gegensatz, an seinem Gegensatz, dem Nicht-Ich, die notwendige Bestimmtheit, d. h. zunächst Begrenzung, damit aber zugleich inhaltliche Bestimmung zu finden, und sachlich, d. h. für unser Erleben und Erkennen, ist dieses Gegensätzliche, diese Schranke oder wie immer man es bezeichnen mag, ist diese Wirklichkeit ein ebenso nicht weiter aufzuklärendes Letztes wie das Ich selbst.

Ein nicht weiter aufzuklärendes, aber doch noch näher zu umschreibendes Letztes. Beides, Wirkliches wie Unwirkliches, lebt in unserem Innern, beides kennen wir nur von dorther. Auch das Wirkliche erkennen und verstehen wir nur in Begriffen. Wie ist also das Verhältnis zu verstehen?

Es ist hier nicht von dem Allgemeinbegriff und seinem Verhältnis zu den Dingen, die unter ihn fallen, die Rede. Auch das einzelne hat seinen (Singular-) Begriff, mit dem es dann, wenn er ein vollendeter Begriff ist, bis in das einzelnste hinein ebensosehr übereinstimmt wie auch von Grund aus von ihm sich unterscheidet. Nehmen wir einen einfachen Gegenstand, etwa einen vor uns liegenden Apfel, so erkennen wir ihn, indem wir uns sagen, daß es Obst, d. h. eine süße, saftige, feste, aber nicht harte, wohlschmeckende Frucht, ist. Wir kennen — weil unser Wissen Stückwerk ist —

nicht restlos alle seine Eigenschaften. Aber auch wenn das anders wäre, wenn wir alles wüßten, was von ihm gilt, und wenn wir das alles nun zu einer Einheit zusammenfaßten, würden wir doch nicht weiterkommen als eben nur zu einem gedachten Apfel, mit dem uns und unserem Appetit nicht gedient wäre. Um zu dem wirklichen Apfel zu gelangen, muß diese Position hinzukommen, daß er existiert. Der wirkliche Apfel steht in jeder Beziehung dem im vollendeten Begriff gedachten gleich, nur daß jede dieser Beziehungen am wirklichen Apfel nun eben auch nicht nur gedacht ist. In gar nichts unterscheidet sich der wirkliche Apfel von dem gedachten als eben in diesem uns so geläufigen, so natürlichen, in Wahrheit für uns, für unseren Intellekt ganz rätselhaften „Sein", dem wir mit aller unserer Erkenntnis, so tief wir auch mit ihr vorgedrungen sind und noch vordringen mögen, um keinen Schritt nähergekommen sind und näherkommen werden, als es von Anfang an der Fall gewesen ist. Die Wirklichkeit ist irrational. Unserem Verstande geht es wie dem König Midas. Mag es nun ein Fluch sein oder ein Segen, wie dem König alles zu Gold wurde, was er berührte, so kann unser Denken nicht anders fassen als durch Begriffe. Unbefangen nimmt der Mensch die Gegebenheit hin, die auf ihn w i r k t, die W i r k l i c h k e i t. In demselben Augenblick aber, wo er seine Aufmerksamkeit und damit seine Vorstellung darauf richtet, hat er das Wirkliche auch schon begrifflich gefaßt und in das Abstrakte gewendet, wie König Midas die Speise nur eben anrühren konnte, so war sie auch schon Gold. Werden wir uns dessen bewußt, so sehen wir, daß wir, wenn wir nun doch das Wahrgenommene als Wirklichkeit hinnehmen und verstehen, damit den getanen Schritt gleichsam künstlich wieder zurücktun aus der Abstraktion. Künstlich, weil es ein regressus in das Irrationale ist, und daher in logischer Form allerdings nicht restlos vollendbar.

Ich nenne das Wirkliche konkret, das Gedachte, das nur Gedachte abstrakt, diese Ausdrücke in prägnantem Sinn gebrauchend. Es gibt in der Abstraktion Stufen und auf jeder dieser Stufen einer Abstraktion erscheint und wird bezeichnet die voraufgehende Stufe als konkret. Ich gebrauche die Ausdrücke nicht in diesem relativen Sinn. Das Konkret soll den absoluten Gegensatz zu jeglicher Abstraktion, soll das concretissimum bezeichnen. Das Üble ist, daß die Sprache des täglichen Lebens nicht nur, sondern auch der Wissenschaft hier nicht im geringsten unterscheidet. Sie bezeichnet den wirklichen Gegenstand nicht anders wie den gedachten. Meistens ist das unschädlich, weil es auf den Unterschied nicht ankommt, oder weil der Sinn sich aus dem Zusammenhang ergibt. Aber die Unschärfe des Ausdrucks verleitet oft genug auch zu Unschärfe des Gedankens und wird verhängnisvoll, wo der Gegensatz wichtig wird.

So unfaßlich aber für unser Verständnis dieses Sein der Wirklichkeit seinem innersten Wesen nach ist, so leicht und sicher bestimmt es sich für uns nach seinem Umfang. Dazu bedarf es gar keiner Philosophie. Gerade hierauf ist unser Verstand auf das glücklichste eingerichtet. Seit Kant wissen wir, daß die reinen Formen der Anschauung Zeit und Raum sind. Wir sind nicht imstande, die Dinge anders zu erfassen als in diesen Formen, und so ist denn auch umgekehrt alles, was wir nach Zeit und Raum determinieren, und nur das, die Wirklichkeit.

Es ist schon zugestanden, daß in diesem Begriffe der Wirklichkeit ungelöste Probleme der Philosophie stecken. Aber das darf uns das Konzept nicht verderben. Die Rechtswissenschaft einschließlich der Rechtsphilosophie, soweit sie ihr eigenes Gebiet nicht überschreitet, hat jeden erkenntnistheoretischen Skeptizismus entschlossen abzulehnen. Die Dinge sehen verschieden aus, je nach der Entfernung, aus welcher man sie betrachtet. Georg Simmel macht das einmal an dem Beispiel klar, daß ein Gebäude, das man in einem Abstand von 50 Meter betrachtet, ganz anders aussieht als von 500 Meter aus, und wie verkehrt es wäre, Momente des einen Bildes unverändert in das andere einzutragen, und er schrickt vor der Behauptung nicht zurück, daß bei sehr großer Entfernung, in höchster Spekulation die Wahrheit selbst eine Wahrheit ganz anderer Art werde. Unser Wissen zerfällt in viele und verschiedene Gebiete. Auch in den Wissenschaften gilt Arbeitsteilung und Arbeitsordnung, die eingehalten werden müssen. Auch das ist eine Aufgabe der Methode, vielleicht die allerwichtigste, jedenfalls aber der Zeit nach die erste, daß wir für jede Wissenschaft die ihrem Gegenstande entsprechende Distanz der Betrachtung, den richtigen Standpunkt finden und einnehmen. Wie oft sieht man im Streite der Gelehrten, daß die Gegner sich nicht finden, weil der eine sozusagen im Keller sucht und der andere auf dem Boden.

Daß für die Betrachtung des Rechtes der metaphysische Standpunkt zu hoch gewählt wäre, wird heute so leicht niemand mehr bestreiten. Aber auch die erkenntniskritische Zersetzung der Wirklichkeit darf uns nicht beirren. Hier scheint heute mehr denn je alles in das Ungewisse gestellt zu sein. Gewiß sind wir in vielen Beziehungen über Kant hinausgekommen. Wir sehen heute seine intellektualistische Einseitigkeit. Wir haben die Unhaltbarkeit seiner Kategorientafel durchschaut und Besseres an ihre Stelle gesetzt. Daß wir auch über den erkenntnistheoretischen Grundgedanken

Kants hinausgekommen wären, daß es den Neu-Kantianern gelungen wäre, das so anstößige „Ding an sich" zu überwinden, wie sie immer behaupten, vermag ich nicht einzusehen. Was ich davon kenne und verstehe, scheint mir mehr ein Rückschritt hinter Kant zurück als eine Überwindung Kants zu sein, oft eine nur spielende, um nicht zu sagen spielerige Dialektik mit gar nicht mehr faßbaren Begriffen, etwas wie eine Scholastik in moderner Gestalt. Aber das alles berührt uns gar nicht. Wir stünden damit in der Rechtswissenschaft unserem Stoffe zu fern. Nicht einmal bis heran zum „Ding an sich" gelangen wir mit unserer „Wirklichkeit" als unserem unverrückbar festzuhaltenden Gegenstande. Wie die Physik oder die Chemie sich zwar bemüht, die Konstitution der Materie zu „erkennen", wobei sie freilich mit jedem Licht neuer Aufklärung nur zugleich in ein um so tieferes Dunkel hineinzuleuchten verurteilt scheint, sich dadurch aber in keiner Weise darin beirren läßt, daß sie die Materie als etwas zugleich schlechthin Objektives und Reales unterstellt, womit sie denn auch praktisch die schönsten und unbestreitbarsten Ergebnisse erzielt, so muß auch die Rechtswissenschaft, und zwar sie nun nicht die Materie, sondern die Wirklichkeit als etwas schlechthin Objektives und zugleich Reales — den Ausdruck in einem weiteren Sinne verstanden — als ihren Gegenstand einfach hinnehmen.

So verstanden bietet, wie gesagt, die genaue Bestimmung dieses Gegenstandes keine Schwierigkeit. Es ist das durch Raum und Zeit determinierte Sein und Geschehen. Der wache und gesunde Intellekt, vollends die wissenschaftliche Betrachtung weiß ganz genau und sicher das wirkliche Geschehen als solches von allem nur Gedachten zu unterscheiden. Mag auch der Gegensatz ein so absoluter nicht sein, wie das unbefangene Denken ihn hinnimmt, den ganz bestimmten und sicheren Unterschied kann auch der konsequenteste Idealismus nicht wegleugnen. Es handelt sich darum, daß wir die Welt, das, was um uns vorgeht, so, wie wir es erkennen und auffassen, als etwas unabhängig vom Subjekt der Wahrnehmung Dastehendes, als etwas schlechthin Objektives hinnehmen und gelten lassen. Das tut die Naturwissenschaft mit der Materie. Dasselbe muß die Rechtswissenschaft tun. Nur ist ihr Gegenstand umfangreicher. Für sie kommt nicht nur die Materie, sondern vor allem auch das seelische Geschehen in Betracht.

Alle unsere Gedanken und Entschlüsse, Wünsche und Befehle, Genüsse und Verdrießlichkeiten treten zu bestimmter Zeit an bestimmtem Orte auf. Auch sie sind als Geschehnisse nach Raum und Zeit determiniert, sind Wirklichkeit, sind konkret. Nur haben sie — im Gegensatz zur Materie — zugleich noch eine andere Seite, was damit zusammenhängt, daß wir sie gewissermaßen zugleich von innen sehen, indem wir sie erleben, erleben in uns und nacherleben in unserem Nächsten. Auch dieses seelische Erleben, dieser Überschuß gleichsam des Geschehens und Geschehnisses, ist ein Letztes, nicht weiter zu Erklärendes. Es ist schwer, es mit einem für alles seelische Geschehen gleichen Ausdruck zu bezeichnen. Unter Verwendung eines von der intellektuellen Seite hergenommenen, aber schließlich auch für das Gebiet des Wollens und Fühlens verwendbaren Ausdrucks kann man sagen, daß diesem Geschehen außer seinem Sein auch ein Sinn beiwohnt. Für diese Seite der Sache haben Raum und Zeit keine Bedeutung. Ein Satz ist wahr oder falsch, ganz unabhängig davon, wo oder wann er gedacht wird, er bleibt es, auch wenn niemand ihn denkt. Er ist mit dieser seiner Seite für uns mit Raum und Zeit in keine Relation zu bringen, daher der Anschauung unzugänglich, wohl aber zugänglich dem Erleben, der Perzeption und Apperzeption, ursprünglicher oder reproduzierender. Aber von diesen Momenten des Erlebens oder Nacherlebens gilt nun wiederum das Gegenteil. Sie sind ein nach Raum und Zeit determiniertes Geschehen, von dem wir dann ebenfalls wiederum in verschiedenem Sinne sprechen können, je nachdem ob wir es konkret meinen oder abstrakt. Es wird oft ohne Bedeutung sein, ob jemand einen Befehl unmittelbar erteilt, oder ob er ihn durch einen Boten übermitteln läßt. Aber in letzterem Falle macht der Befehlssatz in seinem logischen Gefüge jenen Wandel vom Konkreten zum Abstrakten durch, was auch sprachlich zum Ausdruck kommt, indem der Bote den Imperativ in indirekte Rede umsetzt. Es ist nun schon nicht mehr der konkrete Befehl, es ist der abstrakte Befehlssatz, den er ausspricht. Und nicht anders wie hier mit dem Befehl verhält es sich mit dem logischen Urteil. Es ist ein ganz deutlicher und sicherer, dabei logisch sehr wichtiger Unterschied, ob ich ein Urteil als eigenes ausspreche oder als fremdes berichte. Nicht nur sachlich selbstverständlich besteht da ein Unterschied, sondern logisch ist das Denkgebilde in beiden Fällen verschieden. Man sieht das nicht auf den ersten Blick. Aber hat man das Auge dafür gewonnen, dann erscheint es kaum begreiflich, daß selbst die Fachlogik an diesem Unterschied achtlos vorbeigeht. Konkret ist das Urteil unmittelbarer, lebendiger, seelischer Vorgang, darin bestehend, daß der Urteilende Subjekt und Prädikat des Urteils in eins setzt. Das ist die Bedeutung, der Sinn des Vorganges, daß damit die Richtigkeit, die Wahrheit dieser Synthese empfunden, behauptet, vertreten wird. Vielleicht spricht ein anderer auch seinerseits dasselbe Urteil aus. Aber nicht jeder, der das Urteil aufnimmt und ausspricht, nimmt dadurch notwendig die gleiche Stellung zu ihm ein. Er kann es so meinen und wird so verstanden, als tue er das, dann haben wir wiederum ein konkretes Urteil vor uns. Er kann es aber auch anders meinen. Es kann seine Absicht sein, das fremde Urteil als solches mitzuteilen, es sich oder anderen zu vergegenwärtigen, ohne es sich selbst anzueignen. Dann wird nicht konkret ein Urteil gefällt, sondern es wird ein abstraktes Urteil zum Gegenstand einer (konkreten) Betrachtung, Mitteilung, Beurteilung oder was es sein mag, gemacht. So wird das abstrakte Urteil — dessen Sinn schlechthinige Wahrheitsbehauptung ist und immer bleibt — zu einem Gedanken objektiviert, zu dem dann der Sprechende auch eine andere Stellung als Bejahung einnehmen kann. Vielleicht bestreitet er es geradezu oder er bezweifelt es, vielleicht enthält er sich jeder eigenen Stellungnahme und seine Absicht ist, zu fragen, vielleicht w i l l er die im Urteil als denkbar ausgesprochene Synthese und er befiehlt. Mit andern Worten, alle diese Sätze der Ablehnung, des Zweifels, der Frage, des Befehls sind gewiß nicht Urteile, aber alle ohne Ausnahme enthalten nicht konkrete, wohl aber abstrakte Urteile. In jeder Frage, z. B. in der Frage: War A im Theater? liegt das Urteil: A war im Theater — das ein einfaches Wahrnehmungsurteil sein kann, unter Umständen aber auch ein sehr kompliziert auf Indizien aufgebautes. Es liegt in der Frage, nur eben nicht als wirkliches, sondern als nur vorgestelltes, zu welchem der Sprechende nicht Stellung nimmt, sondern den Angeredeten auffordert, es zu tun. Wendet A sich mit der Frage an einen Rechtsanwalt, ob nicht die Forderung, welche B an ihn stellt, weil über zwei Jahre alt, verjährt sei, so ist das gewiß kein Urteil. Aber es enthält abstrakt das Urteil: Die Forderung fällt unter § 196 BGB. Der Fragende stellt sich das Urteil vor, das er zum Gegenstand seiner Erkundigung macht. Zum konkreten Urteil kommt es, wenn der Rechtsanwalt die Frage bejaht oder verneint. Und entsprechend ist kein I m p e r a t i v denkbar, der nicht in diesem Sinne zugleich ein Urteil enthielte. In dem Befehl: Geh in die Schule! vollzieht sich Prädizierung des Schulganges in bezug auf das Subjekt, den Schüler, in welchem sich nach Absicht des Vaters die gleiche Gedankenverbindung vollziehen soll, damit er das Gesagte und Gedachte verwirkliche. Es ist verständlich, wenn S i g w a r t (Logik I S. 17 f.) bei der Begriffsbestimmung des Urteils gegenüber Aussagen anderer Art alle Sätze ausschließt, welche wie Imperative und Optative ein individuelles und unübertragbares Moment enthalten, ferner Fragesätze, die zwar auf eine Behauptung hinweisen, sie aber nicht als wahr aufstellen. Diese Einengung des Begriffs mag für die sichere Begrenzung des Lehrvortrages gerechtfertigt sein. Jedenfalls aber begründet Sigwart sie unrichtig. Der Imperativ Schweige! — sagt er — drücke aus: Ich will, daß Du schweigst; aber er beabsichtige nicht, diese Tatsache direkt mitzuteilen, sondern den Willen des Angeredeten zu bestimmen, er verlange nicht Glauben an seine Wahrheit, sondern Gehorsam. Beides ist nicht richtig. Das sind gar keine Gegensätze. Wie anders soll denn der Befehl den Willen des Angeredeten bestimmen, als indem er ihm mitgeteilt, verständlich mitgeteilt wird, und freilich fordert der Befehlende nicht Glauben an die Wahrheit des Gesagten, wohl aber dessen Verwirklichung, die wiederum nur auf dem Wege erfolgen kann, daß der Angeredete den Befehl „versteht", daß der logische Inhalt des Befehls, der Zusammenhang der Begriffe, also das Urteil, das in ihm liegt, sich im Angeredeten ebenso vollzieht, wie der Befehlende es meint. Wenn der Schüler gegenüber dem Schweig! des Lehrers die Achseln zuckt oder das Gesicht verzieht, aber den Mund hält, so benimmt er sich ungezogen, aber er gehorcht. Wenn der Richter dem Angeklagten, der auf den Entlastungszeugen einzureden sucht, sein Schweig! zuruft und nun der Angeklagte nicht mehr mit Worten, aber mit Kopfnicken oder ähnlich dem Zeugen zu verstehen gibt, wie er aussagen soll, so handelt er dem Befehl, so wie er gemeint ist, zuwider. Zum mindesten kann man hierüber streiten und damit dann zugleich beweisen, daß selbst in dem einen Wort Schweige! eine Gedankenverbindung liegt, die sich als ein zunächst freilich nur abstraktes, mit der Erwartung einer Verwirklichung ausgesprochenes Urteil darstellt. Treffend sagt Siegwart, die grammatische Form allein entscheide nicht, eine Behauptung sei nur ein Satz, der seinem Sinn nach wahr sein wolle. Ganz recht, seinem Sinn nach. Mache ich ein Urteil nicht mir zu eigen, sondern zum Gegenstand einer Frage, so lehne ich einstweilen allerdings das konkrete Urteil ab. Aber ich ändere damit nicht den Sinn des vorgestellten, mich interessierenden Urteils. Gerade in der Bedeutung, daß der Satz seinem Sinn nach wahr sein will, mache ich ihn zum Gegenstande meiner Frage. Da, wo Sigwart das problematische Urteil behandelt (a. a. O. I S. 235 ff.), tritt der Gedanke einmal ganz scharf in den Gesichtskreis des Verfassers. Er macht da den Vorschlag, für das nur abstrakt gemeinte Urteil den Ausdruck Hypothesis zu verwenden. Aber zu einer methodischen Verwertung des Gedankens kommt es auch hier nicht.

Die Einsicht in diesen Sachverhalt mag denn auch für die Logik nicht so bedeutsam sein. Für das Recht und die Rechtswissenschaft mit ihren Imperativen ist sie von großer Wichtigkeit.

Ein Rechtssatz gilt oder er gilt nicht. Über den Begriff dieses Geltens herrscht ein großer Streit, der seine Nahrung fast ausschließlich daraus zieht, daß man zwischen abstrakt und konkret nicht zu unterscheiden versteht. Ich habe an anderer Stelle gezeigt[1]), wie selbst ein Mann wie Binding aus diesem Grunde der Sache nicht hat Herr werden können. Jetzt hat Binder[2]) wiederum Stammler darauf hinweisen müssen, daß ein Rechtssatz, wenn er aufhört zu gelten (ein konkreter Rechtssatz zu sein), damit an seinem begrifflichen Gehalt (abstrakt verstanden) nichts verliert, zu welchem begrifflichen Gehalt auch der Begriff der Geltung gehört. Aber immer, selbst bei unseren besten Schriftstellern, tritt diese wichtige Erkenntnis nur sporadisch auf.

Auch von den Imperativen des Rechts gilt, daß wir über der voluntaristischen Seite die intellektuelle nicht übersehen dürfen. Man kann nicht schlechthin „befehlen". Man kann nur „etwas" befehlen, und wenn man befehlen will, muß man wissen, was man befehlen will, und soll dieses etwas deutlich und bestimmt ausdrücken. Das ist nicht immer leicht. Die Mehrzahl der Befehle des Rechts, die im fortlaufenden Fluß des Verkehrs in unübersehbarer Menge fortgesetzt an die einzelnen ergehen, sind dem unmittelbaren Gehalt nach kaum inhaltreicher als obiges kurze Schweige! Zahle an den X 1000 Mark, so lautet der Befehl, wie er im Privatrecht so häufig ergeht. Viel mehr aber, wie die kurzen Worte sagen, liegt, für die Beteiligten erkennbar, darin, nämlich, wenn es sich z. B. um ein Gerichtsurteil handelt, alles das, was Tatbestand und Gründe darüber sagen, in welcher Funktion die Zahlung erfolgen soll. So kurz der Befehl lautet, so schwierig ist oft genug, wie jedermann weiß, der Weg, zu ihm zu gelangen. Abgesehen von den Schwierigkeiten der Beweiswürdigung und Feststellung der Tatsachen — ein Punkt, auf den es hier nicht ankommt — bedarf es der Subsumtion des Sachverhaltes unter die Sätze des Rechts, geschriebenen wie ungeschriebenen. Es ist ganz richtig, wenn die Gegner der Imperativentheorie bestreiten, daß diese Bestimmungen unserer Gesetze, die Sätze und Grundsätze der Theorie, Imperative seien. Die ganze Fülle dieses Stoffs, die ganze im Laufe der Jahrhunderte und Jahrtausende erwachsene Rechtswissenschaft kommt hierbei zur Geltung, aber das alles sind noch nicht die Imperative, in denen „das Recht" lebt und wirklich ist, ist vielmehr nur das unentbehrliche Hilfsmaterial, dessen wir bedürfen, um in jedem einzelnen Fall den für diesen geltenden Imperativ zu erkennen. Der so

[1]) Vom Stoffe des Rechts und seiner Struktur (1897) S. 22 ff.

[2]) Rechtsbegriff und Rechtsidee (1915) S. 63 ff., insbes. 68 f., 72 f.

gefundene Imperativ erst ist die für den betreffenden Fall einschlägige „Norm“ des Rechts. So verstanden, ist Norm und Imperativ dasselbe.[1])

Radbruch (Grundzüge der Rechtsphilosophie S. 61) bestreitet das, aber mit unzulänglicher Begründung, die zeigt, daß auch er nicht deutlich zwischen konkret und abstrakt unterscheidet und an dieser Unklarheit scheitert. „Wenn man“, sagt er, „in dem Satze: Tue Deine Pflicht! den Sinn von seinem Träger, das Ausgesprochene von dem Ausspruch loslöst, so erhält man auf der einen Seite ein Seinsgebilde, zeitlich und räumlich bestimmt, kausal verursacht und weiterwirkend, eine Lautfolge, die jetzt hier erklingt, auf der anderen Seite einen unzeitlichen, unräumlichen, unkausalen Bedeutungsgehalt, eine sittliche Notwendigkeit, die unabhängig vom Ort, vom Zeitpunkt, von der Wirksamkeit dieses Ausspruchs gilt.“ Ganz recht. Es sind das — von Nebenpunkten abgesehen — die oben besprochenen zwei Seiten eines und desselben Geschehens, hier konkret genommen, die wir als Sein und Sinn einander gegenüberstellten. Aber nun wird es unrichtig: „Jener Satz ist ein Imperativ, sofern sich durch

[1]) Über den Begriff der Norm wird ein lebhafter, meiner Meinung ziemlich überflüssiger und teilweis recht langweiliger Streit geführt. Im weitesten Sinne wird man unter normal das verstehen, was irgendeiner Regel, einem Gesetz, einem Maßstab entspricht. Damit durchzieht der Begriff das ganze Dasein, und es ist natürlich nicht leicht, in die Sache systematische Ordnung zu bringen Philosophisch sollte man auf die letzten Dinge zurückgehen, auf den Gegensatz von Sein und Sollen, und von einer Norm nur sprechen, wo ein menschliches Sollen in Frage steht. An sich kann man auch der Natur gegenüber von einem Sollen sprechen. Was soll das Schwungrad, fragt das Kind, das eine Lokomobile in Bewegung sieht, und die Antwort lautet: Es soll der Bewegung der Maschine die Gleichförmigkeit geben. Alle unsere elektrischen Birnen haben ein Normalgewinde usw. Es ist ein von den Menschen in die Dinge gelegter Zweck, der den Ausdruck rechtfertigt. Das Sollen oder die Norm im philosophischen Sinne betrifft immanente Zwecke. Aber auch hier können wir noch unterscheiden und den Begriff auf das praktische Gebiet beschränken, auf das Ethische im weitesten Sinne des Wortes. Dann stehen sich Normen und Naturgesetze, Sollen und Sein, gegenüber, und zwischen beiden liegt, damit das die scharfen Grenzen verwischende und die Kontinuität aufrechterhaltende Zwischenglied nicht fehlt, das Gebiet des Ästhetischen und Logischen, das von beiden etwas zu haben scheint. Namentlich die Gesetze der Logik wirken wie Vorschriften für das freie Denken und doch, wo sie erkannt sind, mit der Unwiderstehlichkeit eines Naturgesetzes. Die Sätze des Rechts, z. B.: Kaufmann ist, wer ein Handelsgewerbe treibt, sind nicht eigentlich Normen. Nur insofern haben sie einen normativen Charakter, als sie das Material sind für den logischen Prozeß, der zum Rechtsbefehl und damit erst zur Norm, die das Leben beherrscht, führt.

ihn ein Willen durchsetzt, eine Norm, sofern sich in ihm ein Sollen setzt." So sind die Ausdrücke Imperativ und Norm ganz sicher nicht zu verstehen. Gewiß, der Imperativ — nämlich der konkrete — „ist und wirkt". Aber das gilt von der konkreten Norm nicht minder. „Die Norm bedeutet und gilt, in ihr setzt sich ein Sollen." Aber wieso ist das beim Imperativ anders? Bedeutet etwa der Imperativ nicht auch und gilt er nicht auch und setzt sich in ihm nicht auch ein Sollen? „Die Norm ist eine Nicht-Wirklichkeit, die verwirklicht sein will." Was hieran überhaupt richtig ist, gilt ebenso vom abstrakten Imperativ. „Der Imperativ ist eine Wirklichkeit, die wirken will." Ganz richtig, der konkrete Imperativ, aber genau dasselbe gilt von der konkreten Norm. „Die Norm will Zweck sein (?), der Imperativ nur Mittel zum Zweck. Die Norm als Zweck ist nicht befriedigt, ehe sie nicht selbst erfüllt ist; der Imperativ ist, als bloßes Mittel zum Zweck, erledigt, wenn sein Zweck erfüllt ist, sei es durch seine eigene motivierende Kraft, sei es auch ohne sein Eingreifen durch eine schon vorhandene Motiviertheit in gleicher Richtung; die Norm fordert normgemäßes Verhalten aus normgemäßem Motiv; dem Imperativ geschieht durch wie auch immer motiviertes imperativgemäßes Verhalten Genüge; die Norm verlangt Moralität, der Imperativ bloße Legalität." Das alles ist Unterschied, nicht der Form, sondern des Inhalts. Dem Verfasser liegt der Gegensatz von sittlichen und rechtlichen Gesetzen im Sinn. Was er hier von der Norm behauptet, gilt ebenso von den Imperativen der Moral, wie nicht minder das von dem Imperativ Behauptete von den Normen des Rechts.

Dieser Fehler, der bei Radbruch mehr nur eine Episode bedeutet, erschüttert die Arbeit I w a n I l j i n s, die mit einer Abhandlung über die Begriffe von Macht und Recht (Archiv für systematische Philosophie 1912 S. 63 ff., 125 ff.) vor das deutsche Publikum tritt, von Grund auf. Der Verfasser geht davon aus, daß man wie alle Dinge, so auch das Recht von verschiedenen Standpunkten aus betrachten könne, vom dogmatischen, vom rein juristischen, vom soziologischen, politischen, historischen: In jeder dieser einzelnen Betrachtungsweisen bauten sich die Zusammenhänge der Begriffe in einer für sie eigenartigen Reihe auf. Die verschiedenen Reihen hätten Berührungspunkte oder sie hätten sie nicht und sollen sie nicht haben. In letzterem Falle seien es indifferente Reihen, und dann müsse eine geläuterte Methode verstehen, diese Reihen in strenger Sonderung voneinander zu halten. Das erweise sich als fruchtbar bei der Bestimmung des so problematischen Verhältnisses von Recht und Macht. Gewiß seien an und für sich Recht und Macht innig miteinander verknüpft. Aber zugleich sei Recht auch Norm,

Inbegriff von Normen. Macht sei etwas Faktisches, ein ontologischer Begriff, Norm dagegen nicht, und entsprechend müsse man bei der analytischen Betrachtung die ontologische Reihe dort von der normativen Reihe hier streng sondern, jedes Ausweichen aus der einen Reihe in die andere ablehnen. Unter Macht, so sagt Iljin, wird immer die Fähigkeit des Realen zum Wirken verstanden, wobei sie gewöhnlich mit der Vorstellung eines Trägers verbunden wird, der selbst als Glied der realen Reihe erscheint; das Recht dagegen soll ein logischer Satz sein, ein in Worten ausgedrückter Denkinhalt, welcher eine gewisse Ordnung als gesollte festsetzt; das Recht ist eine Norm, die Norm ein logischer Satz; hier wird von jeder Zeitlichkeit und Wirklichkeit abstrahiert, was möglich ist einmal, weil man die Norm in formaler Beziehung und ganz unabhängig davon betrachten kann, ob sie wirkt, angewandt wird oder nicht, sodann weil Norm und Bewußtsein einer Norm zwei verschiedene Dinge sind; die Norm kann man ihrem Inhalte nach, d. h. so betrachten, daß sie nicht als Gedanke dieses oder jenes bestimmten Menschen, sondern als gedachter Inhalt von normativem Charakter überhaupt und an sich selber genommen wird; so würde der Rechtsbegriff, wenn er mit dem Machtbegriff Fühlung findet oder gar von ihm aufgesogen werden soll, notwendig in die ontologische Reihe versetzt werden und die Bedeutung von etwas Realem erhalten. Iljin ist weit entfernt, die „ontologische" Betrachtung des Rechts abzuweisen, aber er folgert aus obigem, daß die erste, allem vorausgehende Aufgabe eine von allen Seins-Momenten gereinigte, rein begriffliche Besinnung auf die gedanklichen Zusammenhänge sei, ein in diesem Sinn rein theoretisches System, in dem nur von Sollen, gar nicht von Sein die Rede sein darf. So wenigstens verstehe ich ihn. Das soll sich vor allem auch auf die grundlegende juristische Bestimmung des Rechtsbegriffs selbst beziehen. Es müßten alle Definitionen des Rechts, welche heimlich oder offen das Machtmoment enthalten, als nichtjuristisch im strengen Sinne des Wortes bezeichnet werden. So dürfe die Staatsrechtswissenschaft sich nicht, wie Gumplowicz es getan habe, gleich mit der Untersuchung realer gesellschaftlicher Beziehungen beschäftigen, sondern mit der Analyse der Normen des Staatsrechts nach ihrem logischen und normativen Bestande; mit Unrecht habe Ihering das Recht als einen Machtbegriff bezeichnet; eine methodische Verwechslung sei es, wenn Merkel das Recht im objektiven Sinn als einen sozialen Faktor bezeichnete. Das Recht sei auch nicht (reales) Wollen. Die Bestimmung des subjektiven Rechts als geschütztes Interesse oder als Willensherrschaft sei für den Juristen unannehmbar. Nach allen diesen Ablehnungen älterer Definitionen ist man natürlich gespannt, die in Aussicht gestellte „allein richtig grundlegende juristische Begriffsbestimmung" des Verfassers selbst zu vernehmen, um so gespannter, als er gerade das streichen will, was meiner Meinung unter keinen Umständen fehlen dürfte. Aber gerade dem geht nun Iljin vollständig aus dem Wege.

Die Arbeit ist unfertig und gestattet deshalb noch kein abschließendes Urteil. Aber doch ist schon jetzt klar, daß sie nicht den richtigen Weg einschlägt. Es ist richtig, alle unsere Gesetze, das ganze Rechtssystem, die Theorie in ihrem jeweiligen Stande sind in Hinsicht auf ihren Inhalt abstrakt, nichts Faktisches, um mit Iljin zu reden. Aber das alles ist noch nicht „das Recht", ist nur Vorarbeit. Es ist leere Form, die ihren Inhalt erst vom Leben erhält. Es ist der Hilfsapparat, der die Handhabe bietet, im ständigen Fluß des Geschehens dem Leben und dem Verkehr die Sicherheit, die Festigkeit und Zuverlässigkeit zu verleihen, die im Verein mit dem Wissen des Menschen von der Natur und deren Gesetzen die Voraussetzung jeder Möglichkeit einer Kultur in Gestalt des lebendigen, sich verwirklichenden, kommenden und gehenden, durchaus „faktischen" Rechts ist. Es ist in dieser Beziehung mit dem Rechts s y s t e m insbesondere nicht anders wie mit der formalen Logik im allgemeinen: „Die Berechtigung derselben", sagt Haym von dieser[1]), „ist für das Erkennen der Wahrheit und somit für die Wissenschaft eine lediglich auxiliäre; die Abstraktionen und die Scheidungen des reinen Verstandes haben nur als Ausgangspunkte und Hilfslinien des Eindringens in die Wirklichkeit einen Wert. Sie sind für die geistige Bewältigung der Dinge, was für die praktische Herrschaft des Menschen über die Natur die nach dem Entwurf der Mathematik gebildete Maschine, was die Isolierung und die Anspannung isolierter Naturkräfte zum Dienst bestimmter menschlicher Zwecke ist; wenn Kant die Sinnlichkeit auf jene, den Verstand auf diese Seite stellte, so tat er etwas Analoges, wie wenn der Techniker die Kraft des Dampfes zum Behuf der gradlinigen Fortbewegung der Eisenbahnen in Anspruch nimmt, oder wie wenn er den galvanischen Strom an den ausgespannten Draht fesselt. In der lebendigen Natur und ebenso im lebendigen Menschen existiert dieses System der Isolierung und der Scheidung nicht; unendlich dialektisch ist die Natur und ist der Menschengeist. So weist das reine Denken durch sich selbst in die Tiefen der Menschennatur; die Härte, mit welcher er seine eigenen Abstraktionen ergreift und festhält, weist auf die befriedigendere Innigkeit, mit welcher der Geist

[1]) R. Haym, Hegel und seine Zeit, S. 324.

in der Gesamtheit seiner wirkenden Kräfte sich den Objekten und die Objekte sich zu erschließen vermag. Die wahre Wissenschaft hat sich jene beschränkte und auxiliäre Geltung der Verstandeserkenntnis zum Bewußtsein zu bringen und die Kontinuität derselben mit der Anschauung, der Phantasie, mit dem ganzen lebendigen Gemüt aufrechtzuerhalten." Was hier vom Ganzen des Lebens und von unserer Erkenntnis und deren Wesen ganz allgemein gesagt wird, gilt auch gegenüber dem Recht und der Rechtswissenschaft. Gerade der Weg, den wir nicht einschlagen sollen, ist es, den Iljin so emphatisch beschreitet. Jawohl, isolieren und abstrahieren und mit den Abstraktis weiter operieren, aber doch keinen Schritt tun, ohne darauf bedacht zu sein, daß wir niemals den festen Boden der Wirklichkeit unter den Füßen, die stets unmittelbare Beziehung auf das wirkliche ganze Leben aus den Augen verlieren, das wäre doch wohl die richtige Methode. Man sieht, wie gesagt, nicht deutlich, worauf Iljin schließlich hinauswill. Aber man sieht doch genug, um schon jetzt zu bezweifeln, daß seine noch ausstehende „juristische" Begriffsbestimmung des Rechts dieser Wirklichkeit des Rechts, dieser seiner Faktizität gerecht werden wird. Und bei seiner Unterscheidung zwischen normativer und faktiver Reihe, indem er sie in den Gegensatz von Sollen und Sein verlegt, wirft er mit diesem Gegensatz den ganz anderen Gegensatz von abstrakt und konkret heillos durcheinander. Diese beiden Gegensätze kreuzen sich und gerade darum müssen sie um so mehr scharf erfaßt und auseinandergehalten werden. Iljins Reihen fallen in Wahrheit überhaupt nicht nach Sein und Sollen, sondern nach Faktischem und Gedachtem auseinander. In seinem Faktischen findet sich so gut auch ein Sollen wie in seinem Normativen ein Sein. Hat man den Inhalt des Rechts, das System, so wie Iljin es fordert, als etwas in sich Selbständiges und Abgeschlossenes, Fertiges vor sich, so finden sich Sätze genug, in denen nicht eine Spur von Sollen steckt. Kommissionär ist — sagt der § 383 des Handelsgesetzbuchs —, wer gewerbsmäßig übernimmt, Waren für Rechnung eines anderen in eigenem Namen zu kaufen oder zu verkaufen. Unzählige Kaufleute, sehr gesetzestreue, lesen das, ohne im geringsten darin die Aufforderung zu finden, Kommissionär zu werden. Zur Abtretung des Geschäftsanteils einer Gesellschaft mit beschränkter Haftung gehört notarieller oder gerichtlicher Akt. Die Fälle sind nicht selten, daß der Geschäftsanteil formlos abgetreten wird. Damit verfehlt man den beabsichtigten Erfolg, aber eine Rechtsverletzung liegt darin nicht, wie denn in der ganzen Vorschrift überhaupt nichts von einem „Sollen". Und umgekehrt, auf der Seite des „Faktischen" im Leben, soweit es Rechtsleben, Leben nach dem Recht, ist, geschieht nichts, schlechthin gar nichts, was nicht zugleich auch entweder sein oder nicht sein soll. Hätte Iljin seine Reihen so bestimmt, hätte er erstens darauf hingewiesen, daß wir hier das Leben in seiner Fülle der Wirklichkeit, dort das wenn auch noch so reich entwickelte, doch immer nur ein kahles Gerippe bildende abstrakte System haben, und hätte er zweitens in der Trennung dieser beiden „Reihen" voneinander nicht so sehr ein Prinzip wissenschaftlicher als vielmehr ein Gebot praktischer Methode, eine Anweisung für die Rechtsanwendung aufgestellt, aus vollem Herzen würde man ihm zustimmen können. Denn wie in Beziehung auf die Logik nach Haym die wahre Wissenschaft, so wird in Beziehung auf das Recht die Praxis nur auf diesem Wege sich jene beschränkte und auxiliäre Geltung der Verstandeserkenntnis zum Bewußtsein bringen und die Kontinuität derselben mit der Anschauung, mit der Phantasie, mit dem ganzen lebenden Gemüt aufrechterhalten. Iljin will das so problematische Verhältnis von Recht und Macht, wenn nicht schon bestimmen, so doch zu bestimmen vorbereiten. Statt dessen reißt er diese in Wirklichkeit voneinander gar nicht zu trennenden Dinge mit einer Entschiedenheit auseinander, daß mangels jeder Andeutung hierüber ich wenigstens nicht zu sehen vermag, wie er beides wieder zusammenführen und überhaupt in ein Verhältnis zueinander bringen will.

Wir sind damit schon auf den Gegensatz von Sein und Sollen gekommen, den es näher in das Auge zu fassen gilt.

Seit jeher kreist die Erde im Weltenraum, täglich geht die Sonne auf und unter, ein Faden reißt, wenn er übermäßig beschwert wird, und das Gewicht, wenn es frei hängt, fällt senkrecht zu Boden, der geworfene Stein fliegt und beschreibt die Linie einer Parabel. Alles das ist so und wird so hingenommen wie es ist. Es ist ursächlich bestimmt und folgt, wenn wir es auch bis dahin nicht verfolgen können, aus ursprünglich Gegebenem, über dessen Wert oder Unwert gar nichts gesagt werden kann. Ganz anders menschliches Tun, Denken, Genießen. Der Mensch denkt und handelt. Aber er will nicht nur denken, er will auch „richtig" denken. Er handelt so oder anders, aber er unterscheidet zwischen gut und böse und er soll gut handeln. Vom Genießen sagt Seneca: Disce gaudere, res severa est verum gaudium. An der Hand dieses das menschliche Leben und Wesen durchziehenden Gegensatzes von Sein als dem durch Ursache und Motive bestimmten Verlauf und dem Sollen, dem richtigen, pflichtmäßigen edlen

Denken, Tun, Fühlen, unterscheidet man zwischen explikativen und normativen Wissenschaften je nach dem Gegenstande, mit dem sie sich befassen, ob in ihm nur ein Sein oder ob in ihm auch ein Sollen herrscht, dort die Naturwissenschaften einschließlich Psychologie, hier Logik, Ethik, Ästhetik usw. und was uns nun hier angeht, die Rechtswissenschaft.

Den Gegensatz hat niemand verkannt. Von je hat man ihn unbefangen hingenommen, vielleicht nicht immer richtig behandelt oder beachtet. Jetzt hat sich die Aufmerksamkeit auf ihn gelenkt und man verspricht sich von seiner grundsätzlichen Erfassung viel für die Klärung der Methoden. In meiner Vaterstadt hatte man das Glacis der alten Befestigung zu öffentlichen Anlagen umgestaltet. Dabei war der alte Stadtgraben mit senkrecht gegen den Weg abfallendem Profil unverändert geblieben. Die Einheimischen kannten das und seit Menschengedenken war kein Unglück geschehen, die erst sich einstellten, als ein Fremder hineingefallen war und der Magistrat hatte Warnungstafeln aufstellen lassen. Ich maße mir kein Urteil an, welchen Wert oder Unwert obiger ganze Gedanke für die Methodik im allgemeinen hat. Ich sehe aber, was in der Rechtswissenschaft vorgeht, und hier glaube ich ein Urteil zu haben. Hier geschieht Unglück über Unglück.

Wir sahen schon bei Iljin den richtigen Gedanken unrichtig verwertet. Radikaler geht Kelsen in seinem: Hauptprobleme der Staatswissenschaften in der gleichen Richtung vor, ein umfangreiches Werk, das ausgesprochenermaßen mit dem Anspruch auftritt, auf Grund dieser neuen Methode die Rechtsphilosophie und allgemeine Rechtslehre aus der Dämmerung, in der sie bislang sich bewegt haben, zu lichter Höhe zu führen. Allein gerade in dem Fundament ist der Bau brüchig.

Man dürfe, sagt Kelsen, das Sollen (in streng formalem Sinn verstanden) mit keinem seiner Inhalte identifizieren; man dürfe kein wie immer geartetes Sein als Sollen ausgeben. Das erstere ist selbstverständlich, nämlich tautologisch. Wir können eine Kategorie, wie das Sollen, überhaupt nur in streng formalem Sinne nehmen und auf keinem anderen Wege zu ihr gelangen, als daß wir sie analytisch von jedem ihrer denkbaren Inhalte abgelöst uns vorstellen. Im übrigen ist die Behauptung falsch. Tut der Soldat seinen Dienst, so ist das ein Geschehen, also ein Sein, aber in ihm vollzieht sich doch zugleich ein Sollen. Was der Soldat tat, hat er getan, aber zugleich hat er es tun sollen, hierin ungleich dem Stein, der fällt, von dem man aber nicht sagen kann, daß er fallen soll. Da haben wir doch zwei Fälle eines Seins, von deren einem wir allerdings behaupten müssen, daß es zugleich ein Sollen war. Man dürfe, sagt Kelsen, das Sollen nicht als ein Wollen gelten lassen, welches letztere ein realpsychischer Vorgang sei, das Wollen gehöre der Welt des Seins an, es sei ein psychisches Geschehen und darum vom Sollen wesensverschieden. Falsch. In Wahrheit sind Sollen und Wollen so wenig wesensverschieden, daß sie vielmehr gegeneinander Korrelate sind. Wir können uns ein Sollen ohne ein Wollen im Grunde gar nicht vorstellen. Darauf wird noch zurückzukommen sein. Im übrigen haben wir wieder unseren Fall. Auch Kelsen verfehlt die richtige Unterscheidung von abstrakt und konkret. Nur als konkretes Wollen ist dieses ein realpsychischer Akt, wie Kelsen es meint, und gehört damit der Welt des Seins an. Es kann aber natürlich auch — namentlich als einzelner Akt einer Entschließung gedacht — nur in der Vorstellung leben, rein begrifflich erfaßt und betrachtet, beurteilt werden. Und umgekehrt besteht das Sollen nicht nur im Begriff, in der Abstraktion der Vorstellung, sondern es verwirklicht sich unausgesetzt, wirkt als ein realpsychischer Vorgang, hat sich von jeher verwirklicht und wird in Zukunft nicht aufhören, sich zu verwirklichen, gleichviel ob durch Befolgung oder durch Nichtbefolgung. Auf den fallenden Stein ist der Gedanke des Sollens überhaupt nicht anwendbar, weder positiv noch negativ. Vom verbotenen Akt kann man sagen, er s o l l nicht sein, vom fallenden Stein dagegen nicht. Jedes Verständnis hört für mich aber bei folgendem auf (S. 14): Ihrem Zweck entsprechend müsse die Norm der Handlung, auf die sie abziele, vorausgehen (richtig). Sehe man aber von dem Zweck der Norm ab, ein tatsächliches Verhalten des Subjektes herbeizuführen — ein Zweck, der für die Norm nicht spezifisch sei, da sie ihn mit anderen Tatsachen, die nicht Normen seien, gemeinsam habe —, betrachte man nicht die W i r k u n g sondern die G e l t u n g der Norm, ihr Sollen, so sei eine Frage nach dem zeitlichen Umfange der Handlungen, die den Inhalt des Sollens bilden können, nicht möglich; denn weder gegenwärtige noch vergangene oder künftige Handlungen könnten streng genommen Inhalt des Sollens sein; denn in der Zeit kämen alle Handlungen nur in ihrer Realität, das hieße aber in der Form des Seins, nicht des Sollens, in Betracht; eine zukünftige Handlung sei als reale, wirkliche, dem Sein angehörige Tatsache gedacht und erscheine in einer ganz anderen Denkform als ein Handlung, die geschehen soll. Offenbar stehen wir hier vor einem Angelpunkt der ganzen Lehre von der reinlichen Scheidung der beiden Welten des Seins und Sollens. Zugleich stehen wir aber auch vor einer vollen Unbegreiflichkeit.

Versteht man unter dem Zweck der Norm den nächsten Zweck, nämlich die befohlene Handlung zu veranlassen (und Kelsen betont ausdrücklich, daß er es so meine), so kann man gar nicht von diesem Zweck absehen und doch die Norm als solche noch betrachten. Dann bleibt nichts als nur die kahle Kategorie, die eben noch nicht eine Norm ist. Darin liegt doch das Wesen der Norm beschlossen, daß sie ein Handeln, Denken, Fühlen bestimmen, richten will. Ich wüßte nicht, was, wenn man hiervon absieht, von der Norm noch bliebe als höchstens eine Summe sinnloser Wortzeichen. Unverkennbar hat Kelsen sich bei dem Satz auch nicht behaglich gefühlt. Er sucht ihn zu rechtfertigen, indem er darauf hinweist, daß es auch noch andere Dinge, als Normen gäbe, welche den Zweck hätten, menschliche Handlungen zu bestimmen. Das ist richtig. Man kann z. B. eine Haustür verschließen, wenn man den Zweck verfolgt, andere am Betreten des Hauses zu verhindern. Aber damit beweist man nicht, daß man gegenüber einem Gebilde von dem Zweck absehen könne, das ganz in diesem Zweck aufgeht. Die Fähigkeit sinnlicher Wahrnehmung ist dem Menschen nicht spezifisch eigen. Auch die Tiere besitzen sie. Aber doch bleibt es dabei, daß man sich den Menschen ohne sie gar nicht denken kann. Sei dem aber, wie ihm wolle, auf keinen Fall komme ich auf diesem Wege von der Wirkung der Norm auf ihre „Geltung". Ob eine Norm wirkt, d. h. ob sie befolgt wird oder nicht, hängt mit dem Begriff der Norm überhaupt nicht zusammen, während die Geltung allerdings der Norm begriffsnotwendig einwohnt, mag ich nun von ihrem Zweck absehen können oder nicht, einwohnt entweder als wirkliche Geltung, wenn es sich um die konkrete Norm handelt, oder als allerdings nur gedachte bei der Norm im abstrakten Sinn. Die Wirkung hängt von Dingen ab, die außer ihr liegen, nämlich davon, welche Autorität und Macht dem Wollen beiwohnt, dem das Sollen der Norm entspringt. Ganz versagt mein Verständnis gegenüber der Behauptung, daß streng genommen weder gegenwärtige noch vergangene oder künftige Handlungen Inhalt des Sollens sein können. Allerdings muß das Wort Handlung im weitesten Sinne aufgefaßt werden. Nicht nur das Tun, sondern auch das Denken und Fühlen unterliegt Normen. Gerade in diesem Seelischen setzt die Wirkung der Norm ja ein. Im übrigen aber wüßte ich in der Welt nicht zu sagen, was denn überhaupt noch Inhalt der Norm sein soll, wenn nicht ein Geschehen dieser Art. Eine Handlung endlich, die geschehen wird, ist gewiß noch nicht dasselbe wie eine Handlung, die geschehen soll. Aber warum soll nicht eine Handlung, die geschehen wird, zugleich eine Handlung sein, die geschehen soll. Habe ich eine bestimmte Handlung im Auge und gehe ich nun von dem Gedanken, daß sie geschehen wird, zu dem Gedanken über, daß sie geschehen soll oder nicht geschehen soll, so ändere ich den Denkinhalt, aber nicht im geringsten die Denkform.

Auf dem Grund dieses überspekulativen oder, besser gesagt überspekulierten Begriffs des Sollens möchte Kelsen eine normative Rechtswissenschaft sich aufbauen sehen, die sich jeder Berührung mit dem Sein streng enthält. Also eine neue Wissenschaft über der alten? Denn diese kann doch nicht verschwinden sollen? Schließlich muß doch auch einmal die Wirklichkeit, muß das Leben zu seinem Rechte kommen. Über das Verhältnis seiner Wissenschaft zu dieser spricht Kelsen sich nicht aus. Aber er ist auch weit entfernt, sich von ihr frei zu halten. Allen sachlichen Schwierigkeiten, so der Frage nach der Entstehung des Rechts, der Frage nach der inhaltlich richtigen Bestimmung der Normen, weicht er aus, indem er sie der explikativen Wissenschaft zuweist. Dabei bestreitet er den sachlichen Gehalt s e i n e s Aufbaues nur mit Entlehnungen aus dieser. So kann er den Willen, der dem Reich des Seins angehöre, nicht gebrauchen; sein Wille ist ihm nur ein Gebilde juristischer Konstruktion, nämlich der Punkt, auf den die Zurechnung trifft. Er ist etwas Konstruiertes, aber doch nun wiederum ein konstruierter W i l l e. Warum, so fragt Wielikowski (Die Neu-Kantianer in der Rechtsphilosophie) mit Recht, ein Wille, warum, wenn es sich nur um einen juristisch konstruierten Zurechnungspunkt handelt, nicht ebensogut die Vernunft oder der Intellekt? Warum, frage ich, überhaupt ein seelischer Punkt, warum nicht ein örtlicher, warum nicht Berlin oder München oder Karlsruhe oder der Mars?

Daß die Ethik von dem W i l l e n ausgeht und da von Zurechnung spricht, wo sie sich berechtigt glaubt, den Erfolg auf den schuldhaften Willen des Menschen zurückzuführen, den sie damit verantwortlich macht, scheint Kelsen nicht bestreiten zu wollen. Aber der Jurist, meint er, oder vielmehr die Rechtsphilosophie, die über der gemeinen Rechtslehre, nicht unter ihr stehe, müsse anders verfahren. Sie gehe von der Z u r e c h n u n g als dem Prius aus. Sie kenne gegenüber dem gegebenen Erfolg oder, neutraler ausgedrückt, gegenüber dem gebenen Tatbestand die bestimmte Zurechnungslinie. Woher sie die kennt und weiß, und wie wir, wenn wir den Gedanken ausführen wollen, es machen sollen, verrät der Verfasser nicht. Den Endpunkt, auf den wir, diese Linie verfolgend, stoßen, nennen wir W i l l e n. Schon das ist, vom Standpunkt dieser normativen Disziplin aus, wie gesagt, ganz unverständlich, warum diese Zurechnungslinie auf Menschen stößt. Wissen wir also schon nicht, wohin die Richtung der Linie geht, so sind wir noch ratloser gegenüber der Frage, wo sie endet. Denn in manchen Fällen, so hören wir, geht sie auch durch den Menschen hindurch und findet dann in der Verlängerung irgendwo — es fehlt wieder an jeder Bestimmung dessen, wo das sein soll — einen Endpunkt, den die Rechtslehre vermöge der Dämmerung, in der sie noch immer lebt, für einen Willen, für den Staatswillen ansieht!

Diese Entlehnungen aus der dämmerigen explikativen oder gemischt explikativ-normativen Doktrin sind bezeichnend. Vermöge seines Standpunktes befand sich der Verfasser in einer Lage, die man einigermaßen mit der Lage vergleichen könnte, in der sich der Begründer des Neu-Kantianismus, Hermann Cohen, sah, als er in seiner Ethik es unternahm, aus dem „reinen Willen" heraus zu inhaltlichen Sätzen und sachlichen Behauptungen und Ergebnissen zu gelangen, wofür er dann seine Zuflucht bei dem Gegebenen der Rechtsordnung nahm. Das ist ersichtlich nicht haltbar und war eine Erschleichung. Die Ethik lebt nicht vom Recht, sondern das Recht erwächst umgekehrt aus der Ethik. Ich komme hierauf noch zurück. Aber Cohen war sich seiner Methode voll bewußt und spricht das offen aus. Kelsen dagegen sieht anscheinend gar nicht, wie sehr sein Aufbau dogmatisch durchsetzt ist. Er ist wie ein Mann, der sich für reich hält und gar nicht gewahr wird, daß er schon lange nur noch von geborgtem Gelde lebt.[1])

In den Spuren Kelsens wandelt Felix Somló in seiner Juristischen Grundlehre, wenigstens insofern, als er dessen normative Methode für die allgemeine Rechtswissenschaft grundsätzlich anerkennt. Verständigerweise und sehr zum Vorteil seines Buches wendet er sie aber nicht an, mit der Begründung, daß sein Thema, die Lehre von den Voraussetzungen aller Jurisprudenz, von den Wahrheiten und Begriffen, welche jede Wissenschaft, gleichviel welches Rechtssystems, als gegeben hinnehmen müsse, diese allgemeinsten Dinge als seiende vor sich habe, so daß es sich in Wahrheit für seine Aufgabe um Seinswissenschaft handle. Nun ist zwar richtig, daß diese allgemeinsten Wahrheiten, wie überhaupt die Sätze und Gesetze der Logik, es an sich haben, daß wir uns den Zustand, daß sie nicht gelten sollen, gar nicht denken können. Sie sind immer und notwendig, während bei anderen Normen erst noch in Frage kommen kann, ob sie gelten oder nicht gelten, ob sie „sind". Aber wenn sie sind, dann mag dieses Sein inhaltlich,

[1]) Ich darf nicht verschweigen, daß ich in der Beurteilung des Kelsenschen Buches allein zu stehen scheine. Wenigstens die öffentliche Kritik hat sich durchweg anerkennend, zum Teil überschwenglich ausgesprochen. Ein Kritiker nennt es epochemachend. Es muß Verdienste besitzen, für die ich farbenblind bin.

nach Intensität, nach Grundlage, nach Berechtigung, aber ganz gewiß nicht der Denkform nach ein anderes Sein bedeuten als jenes, und da die Rechtswissenschaft sich natürlich auch und vornehmlich mit geltendem Recht befaßt, also mit Seiendem, so ist gar nicht einzusehen, wieso aus diesem Gesichtspunkte hier eine andere Methode angebracht sein sollte wie dort.[1])

Daß man methodisch zwischen explikativen und normativen Wissenschaften unterscheiden kann, ist klar, und daß so unterschieden werden müsse, soll hier nicht im geringsten bestritten werden. Richtig ist denn auch, daß die explikativen Wissenschaften es nur mit den Gebieten zu tun haben, wo es ein Sollen nicht gibt. Dagegen ist es sicherlich ganz falsch, daß die normativen Wissenschaften nur die Gebiete zum Gegenstand hätten, wo jedes Sein ausgeschlossen ist, oder daß es überhaupt eine Wissenschaft in diesem Sinne gäbe. Der Gegensatz ist vielmehr richtig und allein richtig so zu be-

[1]) Somlós Arbeit ist nach meiner Auffassung ungleich höher einzuschätzen als Kelsens. Mit voller Klarheit stellt das Buch ein wichtiges und fruchtbares Thema zur Erörterung. Wenn es schließlich die Erwartungen nicht voll erfüllt, welche es im Eingang erweckt, so mag zum Teil das Bestreben nach Gründlichkeit daran schuld sein, welches den Verfasser mehr in die Breite als in die Tiefe führt, infolgedessen denn auch gerade die Hauptergebnisse, die einzelnen Stücke seiner Grundlehre nicht plastisch genug heraustreten. (Als Grundbegriffe bezeichnet der Verfasser u. a. die Gesellschaft, den Staat, den Willen der Rechtsmacht — nicht aber den Staatswillen —, den Staat, den Staatenverband die Rechtspflicht — nicht den Rechtsanspruch —, das Pflichtsubjekt — nicht das Rechtssubjekt —.) Vor allem aber ist ihm die Begriffsbestimmung des Rechts, wovon schließlich doch alles abhängt, nicht gelungen. Seine Definition ist nicht von Asbest und trägt noch alle Erdenreste, zu tragen peinlich, an sich. Sie ist nicht mehr als eine ganz äußerliche Beschreibung, so sehr Beschreibung, daß der Verfasser sie nicht einmal in eine zusammenfassende Formel bringen kann, ohne vorsorglich auf weitere Ergänzungen zu verweisen: Recht bedeutet die Normen einer gewöhnlich befolgten, umfassenden und beständigen höchsten Macht, wobei das, was unter „gewöhnlich", „umfassend", „beständig" gemeint sei, den voraufgeschickten Ausführungen entnommen werden müsse. Das alles bleibt ganz äußerlich an der empirischen Erscheinung haften. Es wird gar nicht versucht, dem Wesen der Sache näherzukommen. Der Verfasser sieht diesen Mangel ganz gut. Er sucht sich zu trösten: „Wer einen ganz scharf geschliffenen Begriff des Rechts zu geben versuchte, der hätte seine Aufgabe bereits dadurch verfehlt", und diesen überraschenden Satz soll ihm Austin mit dem Hinweis bestätigen, daß niemand genau den Zeitpunkt (!) zu bestimmen vermöchte, wann Mexiko aufgehört hat, eine spanische Kolonie zu sein, und ein selbständiger Staat geworden ist! Als wenn das nicht gerade daran läge, daß die Begriffe Staat und Kolonie scharfgeschliffen, kantig sind. Ich meine, eine juristische „Grundlehre" müßte, soll sie ihre Aufgabe nicht verfehlt haben, wenn auch nicht von einem scharf geschliffenen Begriff des Rechts ausgehen, so doch schließlich zu einem solchen gelangen.

stimmen, daß es sich um die Gebiete handelt, wo nicht jedes Sollen ausgeschlossen ist.

Daß das seinen guten Grund hat, zeigt sich, wenn man dieses Sollen einmal näher in das Auge faßt. Die Gegensätze Sein und Sollen sind nicht kontradiktorisch. Sie liegen überhaupt nicht in einer und derselben Ebene. Beides — Sein und Sollen — sind Kategorien. Aber die Urposition ist nur das Sein, nicht neben ihm das Sollen. Denn:

Erstens ist im Hinblick auf die Relation subjektiv—objektiv der Gedanke des Sollens nicht in demselben Sinne ein selbständiger wie der des Seins. Wir können das Sein uns vorstellen oder hinnehmen, ohne im geringsten dabei an seinen Ursprung, etwa gar an einen Schöpfer aus dem Nichts, zu denken, dem es sein — nun wiederum — Dasein verdankte. Anders beim Gedanken des Sollens. Man braucht nur scharf hinzuhorchen und wird erkennen, daß er denknotwendig auf ein Wollen hinweist, in welchem das Sollen seine Quelle hat, auf das entsprechende Wollen einer irgendwie gearteten Autorität. Man kann den Gedanken eines Sollens gar nicht vollenden, ohne diese Beziehung auf eine Autorität, auf deren Willen es beruht, mehr oder weniger deutlich mitzudenken. Es tritt das nicht immer in gleichem Maße hervor. Lebhaft empfindet und sieht man es gegenüber den ethischen Normen, weniger deutlich bei den Normen der Ästhetik und der Logik. Es ist kein Zweifel. Von vornherein und naturnotwendig will jeder Mensch richtig denken. Wir irren oft, aber ist der Irrtum erkannt, so ist er auch schon aufgegeben und richtiges Denken an seine Stelle gesetzt. Wir haben hier gar nicht das Gefühl eines Sollens, vielmehr das eines hemmungslosen Wollens. Bedenken wir, daß auch Denken ein Handeln im weiteren Sinne des Wortes ist, so gibt es vielleicht keinen Fall, in dem wir die Erscheinung der Willensfreiheit so evident erleben. Denn Freiheit ist vollendete Gesetzmäßigkeit aus innerem Trieb. Das aktuelle Interesse an dem Problem der Willensfreiheit beschränkt sich allerdings auf das ethische Gebiet, auf das Gebiet der Bestimmung und Beurteilung menschlicher Handlungen nach dem Maßstab von gut und böse. Aber psychisch ist der Tatbestand umfassender. Es handelt sich um die Antinomie zwischen Spontaneität und Kausalität, zwischen Norm und Naturgesetz, die ich mir an Hand von Windelband dahin gelöst denke, daß die Norm zunächst als Wertmaßstab der Beurteilung wirkt, um alsdann, in das Bewußtsein aufgenommen, motivierende Kraft zu gewinnen. Der Tatbestand liegt auch beim Denken vor, das psychologisch vorläuft und zugleich unter den Gesetzen der Logik steht. Hier haben wir kein selbstherrliches Wollen, aber doch auch wieder nur ein Sollen, das ein Wollen ist, ein Wollen, das nur kurzer Besinnung bedarf, um sich zu sagen, daß es unter unverbrüchlichen Gesetzen, Gesetzen einer höheren Autorität, unter einer uns vielleicht angeborenen, aber gleichwohl unserem Machtbereich gänzlich entzogenen Gesetzlichkeit handelt, nämlich denkt, unter der Gesetzlichkeit einer über uns stehenden geistigen Potenz, einer Vernunft, die nun ihrerseits in Beziehung auf uns, als Korrelat unseres Sollens, nichts anderes sein kann als ein Wollen. Das mag anthropomorphistisch gedacht sein. Aber es ist das nicht mehr und nicht weniger anthropomorphistisch, als auch das Sollen es ist. Woher haben wir denn dieses Sollen sonst als nur aus unserem Erleben? Lassen wir diesen uns gegebenen Begriff oder dieses Gefühl des Sollens gelten, so muß es gelten, wie es uns gegeben ist, logisch als Korrelat, ontologisch als Ausfluß eines uns seinem Wesen nach ebenfalls nur aus unserem Erleben bekannten Wollens. Metaphysik mag imstande sein, in dieser Frage besser Auskunft zu geben, wiewohl ich nicht sehe, daß sie es bisher getan hat. Ob der Intellekt über dem Willen steht oder der Wille über dem Intellekt, ob auch die Gottheit selbst an die Logik gebunden ist, oder ob sie sie frei schafft, nun, man kennt ja die Fragen. Aber auch ersteres angenommen, würde *unser* Sollen immer aus einem Wollen fließen, das dann in der Gottheit nur nicht seine letzte und oberste Instanz fände. Vollends in der Ethik fühlen wir dieses autoritative Wollen einer höheren Macht ganz unmittelbar. Auch wer schlechthin Autonomie der Ethik behauptet, kann die Tatsache des Gewissens und des Gewissenskampfes nicht leugnen. Mag man es nennen, wie man will, Kampf des sinnlichen Ich gegen das bessere Ich, des Antriebes des Augenblicks gegen den Charakter, des empirischen Ichs gegen das intelligible, des Knechtes gegen den Herrn. Immer tritt diese Verdoppelung auf, diese höhere Autorität — mag sie nun außer uns liegen oder in uns —, deren Wollen Voraussetzung und Quelle eines Sollens für uns und in uns ist. Daher vermag ich auch Somló (a. a. O. S. 58 ff.) in seiner im übrigen berechtigten Polemik gegen Kelsen insofern doch nicht zuzustimmen, als er nur von den empirischen Normen bestreitet, daß Sein und Sollen ursprüngliche und entgegengesetzte Kategorien seien, die nicht die eine aus der anderen abgeleitet werden könnten, von den absoluten Normen der Logik, Ästhetik, Ethik es aber gelten läßt, weil diese nicht auf einen Willen zurückzuführen seien. Wie es *metaphysisch* mit diesen absoluten Normen bewandt sein mag, ist eine Frage für sich. Schauen wir ihrem *logischen* Gehalt bis auf den Grund, dann zeigt sich, wie gesagt, daß der Gedanke des Sollens ohne in Relation auf ein autoritäres Wollen gar nicht zu fassen ist. Tritt das bei diesen Normen mehr in den Hintergrund, kann es sogar bei oberflächlicher Betrachtung ganz verschwinden, so liegt dies nur daran, daß wir uns über die Quelle dieser Normen, über das Subjekt dieser Befehle im ungewissen sind, daß wir es uns meist gar nicht und jedenfalls immer erst vorstellen oder vorzustellen versuchen, wenn wir dazu besonders angeregt werden. Somló zitiert zustimmend Wielikowskis Äußerung, daß jede Frage danach, welche Autorität eine bestimmte Norm setze, ein genetisches und damit denn explikatives Erkenntnisproblem setze. Wenn das aber richtig ist — und sicherlich ist es das —, dann gilt es doch auch, und zwar noch in ganz besonderem Maße, von jenen absoluten Normen. Auch besteht hier kein Unterschied zwischen den heteronomen und den autonomen Normen, d. h. den Normen, für welche die Persönlichkeit keine über dem eigenen Ich und dessen — gleichviel woher fließenden, empfangenen, entgegengenommenen — eigenen Kräften stehende Autorität anerkennt. Oder gäbe es bei diesen Normen etwa nicht die — hier oft ganz besonders peinliche und qualvolle — Frage nach dem Sein oder Nicht-Sein? — Wenn Somló aber Kelsen zugibt, daß die Urteile: Ich will, daß Du ... und: Du sollst ... völlig (!) verschiedenes behaupten, so begegnen wir hier wiederum nur dem Mangel an gehöriger Unterscheidung zwischen konkret und abstrakt, zwischen Wirklichem und Gedachtem. Das erste der beiden Urteile ist freilich nichts weniger als eindeutig und k a n n daher etwas anderes bedeuten als das zweite. Es kann aber auch ganz dasselbe bedeuten. Es ist nicht an dem, daß der erste Satz ein Sein aussage, der zweite ein Sollen. So unterscheiden sich die Sätze ganz und gar nicht. Nur ist durch die sprachliche Form des zweiten Satzes in der direkten Rede mit dem Imperativ das Moment der Wirklichkeit unmittelbar wiedergegeben. Liegt auch beim ersten Satz dieses Moment vor, mit anderen Worten, ist die Meinung, daß der eine wie der andere Satz dem Du gegenüber ausgesprochen wird, so bedeutet der eine Satz so gut wie der andere ein wirkliches Geschehen, ein Sein, ein wirkliches Wollen hüben, ein wirkliches Sollen drüben. Die sprachliche Form entscheidet gar nichts.

Gerade für die Rechtslehre ist diese Erkenntnis, diese restlose Ausschöpfung des logischen Gedankens, der in dem Begriffe des Sollens liegt, von besonderer Bedeutung, weil es denkbar ist und tatsächlich in ungezählten Kombinationen vorkommt, daß mehrere Autoritäten bestehen, die staffelförmig übereinander geordnet sind. Das Recht als Ganzes ist ein großer Fall dieser Art. Der Wille des Staates ist die Quelle des rechtlichen Sollens seiner Angehörigen. Unter diesem Wollen und Sollen verwirklicht sich der Verkehr, der ein Sein ist. Aber dieses Wollen des Staates, das ein ständig fließendes Geschehen ist, ist selbst wiederum nicht nur ein Sein, sondern auch ein Sollen, das seinerseits wiederum unter den Gesetzen nicht nur der Logik, sondern auch der Ethik steht. Hier fragt sich nicht mehr, ob, was der einzelne tut, dem Wollen des Staates gemäß ist, sondern ob das, was der Staat tatsächlich will, dem entspricht, was er wollen soll. Es ist die Idee des richtigen Rechts. Über dem positiven Recht steht — gleichviel, ob darin ganz oder teilweise oder gar nicht verwirklicht — ein Recht der Vernunft, ein Naturrecht — um den verpönten Ausdruck zu gebrauchen —, das nicht nur Maßstab des Rechts ist, sondern auch unmittelbar Einfluß hat auf die Gesetzgebung und neben ihr, soweit es neben ihr Platz findet oder sich schafft. — Das scheint mir ein in seiner logischen Struktur klarer und durchsichtiger Sachverhalt zu sein. Aber es ist nicht zu sagen, welchen Verwirrungen und Verirrungen man hier in der Literatur begegnet.

Zweitens ist inhaltlich das Sollen im Gegensatz zum Sein, das zwar ebenfalls eine Kategorie, aber zugleich eine in sich fertige und abgeschlossene Position ist, ein unselbständiger, seinem Sinn nach unfertiger Gedanke. Es gibt kein Sollen schlechthin, wie es ein Sein schlechthin gibt. Es gibt nur Sollen eines Seins oder — was hier dasselbe ist — eines Werdens, eines Geschehens. Der Mensch kann nicht einfach sollen, er kann nur etwas sollen. Und wenn auch dieses Etwas, dieses Geschehen im Moment, wo das Sollen an den Menschen herantritt, nur erst in Gedanken vorhanden ist, so verschwindet dieses doch nicht, wenn nun das Gedachte verwirklicht, zum Sein geworden ist. Daß Cäsar ermordet wurde, sollte nicht sein, als Brutus die Tat erwog, erst recht sollte es nicht sein, als er sie beging, und auch heute noch ist es eine Tat, die nicht hat sein sollen. Mit anderen Worten, das Sollen ist keine selbständige Position wie das Sein, sondern eine Modalität des Seins. Es gibt ein modalitätsfreies oder sozusagen assertorisches Sein. Dahin gehören die Naturvorgänge. Sie sind kausal bestimmt. Menschliche Handlungen sind auch kausal, nämlich durch Motivation bestimmt. Von ihnen aber fragt sich zugleich, ob sie auch haben sein sollen. Man muß also genauer statt Sein und Sollen sagen Sein und Sein-Sollen. Und so ist es denn unmöglich, zwischen explikativen und normativen Wissenschaften so zu scheiden, daß letztere mit einem Sein sich überhaupt nicht zu befassen hätten. Gerade mit dem Sein, nämlich mit jenem modalen

Sein, haben sie es zu tun. Vortrefflich hat Windelband, der Rufer in diesem Streit (Präludien, 3. Aufl. S. 278 ff.), den Gegensatz als den von Normen und Naturgesetzen herausgekehrt und die Schwierigkeiten des Verhältnisses der beiden zueinander zu lösen versucht. Er ist weit entfernt, das Sein vom Sollen zu trennen. Vielmehr liegt ja gerade darin die harte Antinomie, unter der wir leben, hängt daran das ganze philosophische Interesse an der Sache, daß ein und dasselbe Geschehen naturgesetzlich bestimmt sein und zugleich auch nach den ihrem Sinn nach ebenfalls unverbrüchlichen Gesetzen eines Sollens sich richten oder gerichtet werden soll, eine Frage, die, wie man sieht, geraden Weges wiederum auf ein Grundproblem der Philosophie, auf die Frage nach der Willensfreiheit führt. Ich sagte, daß das Sollen nur als eine Modalität des Seins vorstellbar sei. Bei Windelband lesen wir: „*Alle Normen sind also besondere Formen der Verwirklichung von Naturgesetzen; das System der Normen stellt eine Auswahl aus der unübersehbaren Mannigfaltigkeit der Kombinationsformen dar, unter denen, je nach den individuellen Verhältnissen, die Naturgesetze des psychischen Lebens sich entfalten können. Die Gesetze der Logik sind eine Auswahl aus den möglichen Formen der Vorstellungsassoziation, die Gesetze der Ethik sind eine Auswahl aus den möglichen Formen der Motivation, die Gesetze der Ästhetik eine Auswahl aus den möglichen Formen der Gefühlstätigkeit. Normen sind diejenigen Formen der Verwirklichung von Naturgesetzen, welche unter Voraussetzung des Zwecks der Allgemeingültigkeit gebilligt werden sollen. Normen sind diejenigen Formen der Verwirklichung der Naturgesetze des Seelenlebens, welche in unmittelbarer Evidenz mit der Überzeugung verbunden sind, daß sie und sie allein realisiert werden sollen, und daß allen anderen Arten, in denen die naturgesetzliche Notwendigkeit des Seelenlebens zu individuell bestimmten Kombinationen führt, wegen ihrer Abweichung von der Norm zu mißbilligen sind.*"

Man kann die innigste Verschlungenheit von Sein und Sollen nicht eindringlicher und zugleich überzeugender predigen. Das ist ja auch der ganze Witz der Sache. Es gilt diese Schwierigkeit, diesen Widerspruch fest im Auge zu behalten und sich unter diesem Widerspruch, unter dieser unausweislichen, rein logisch unüberwindlichen Antinomie einzurichten. Das ist die Pointe, die man mordet, wenn man dem mit hierfür unzulänglichen Mitteln einer gleichviel wie berechtigten Methode nur aus dem Wege geht. Man kann das Sollen vom Sein nicht trennen, ohne damit in eine leere und unfruchtbare Dialektik zu geraten.

Drittens ist nun aber das Sollen nicht nur eine Modalität des Seins, sondern — es ergibt sich das eine aus dem andern — selbst auch wiederum Gegenstand eines Seins. Wenden wir, wie füglich, den Gedanken des Seins auf alles an, was uns gegeben ist, auch auf die seelischen Vorgänge, so können wir unterscheiden zwischen einem Sollen, das ist, und einem solchen, das nicht ist, und kommen damit wieder auf unseren Gegensatz: konkret—abstrakt. Auch wenn wir von Normen sprechen, denken wir entweder an konkrete Normen oder an nur gedachte. Jede Norm enthält ihrem Sinn nach den Anspruch darauf, daß sie gilt, und wenn wir nun doch zwischen Normen unterscheiden, je nachdem, ob sie gelten oder nicht gelten, versündigen wir uns damit nicht an dem Begriff, noch weniger stellen wir diesen Begriff als den eines Satzes, in welchem liegt, daß er gilt, in Frage, sondern wir unterscheiden lediglich zwischen konkret und abstrakt. Eine Norm, die gestern galt und heute nicht mehr, hört darum nicht auf, eine Norm zu sein. Nur ist sie aus der konkreten Wirklichkeit zurückgetreten, aus der Wirklichkeit der Gegenwart, nicht auch aus der jetzt nur noch gedachten Wirklichkeit der Vergangenheit. Gestern galt sie, heute nicht mehr; gestern war sie, heute ist sie nicht mehr. Sie hat aufgehört, zu „sein". Auch von den letzten unverbrüchlichen Vernunftgesetzen der Logik, Ethik, Ästhetik gilt grundsätzlich nichts anderes. Nur kommt bei ihnen, weil sie das sind, ein Nichtsein gar nicht in Frage. Sie sind für uns immer wirklich. Ob wir in diesem Sinn letzte oberste Normen besitzen, oder ob, was wir besitzen, nur Postulate sind, macht hierfür nichts aus. Der Kritizismus ist grundsätzlich skeptisch. Und überhaupt hat schon mehr als ein Axiom, an dessen zwingende Wahrheit geglaubt worden ist, diesen Anspruch aufgeben und tiefer Begründetem Platz machen müssen. Also auch hier ein Fließen vom Sein der Norm über Nichtsein zu neuem Sein. Aber allerdings, wie auch immer die Axiome und ihre Derivate jeweilig gelten, sie stehen an dieser obersten Stelle mit dem anerkannten Anspruch ewiger Geltung, mit dem Anspruch, ewig konkret zu sein. Dagegen kann bei den Normen tieferer Regionen zwar von zeitloser „G ü l t i g k e i t", d. h. Richtigkeit, bedingter Richtigkeit, gesprochen werden, aber nicht von einer zeitlosen Wirklichkeit, einer zeitlosen „G e l t u n g" — die Terminologie ist natürlich unsicher und hier mit einer gewissen Willkür gewählt.

Selbstverständlich bleibt es auch so — was bei dieser ganzen Unterscheidung zwischen Sein und Sollen, soviel ich sehe, die Hauptsache ist — bei der Warnung, daß wir aus dem Werden, dem Gewordensein, dem Sein einer Norm nicht auf ihre Gültigkeit, d. h. auf ihre sachliche Berechtigung, auf ihre Richtigkeit, schließen dürfen. Genetische Ableitung und rationale Begründung sind zu unterscheiden. Der Nachweis, wie eine Norm entstanden ist, ergibt noch nicht den Beweis ihrer Berechtigung und Richtigkeit. Andererseits kann man aber auch nicht ohne weiteres behaupten, daß eine Norm, die von niemandem befolgt werde, nicht in Geltung sei. Es tut der Norm und ihrem Geltungsanspruch keinen Abbruch, daß sie verletzt wird. Ob und in welchem Umfange, mit welchem Grade der Unverbrüchlichkeit sie befolgt wird, hängt von Umständen ab, die mit dem Begriff der Norm nichts zu tun haben. Es ist sehr wohl denkbar, daß eine Norm, die niemand befolgt, doch befolgt werden sollte. Man denke doch nur einmal an die Bergpredigt. Bleibt auch der Gehorsam aus, so ist doch kein Grund, das Sollen zu leugnen, solange das entsprechende Wollen einer höheren Autorität als bestehend anerkannt werden muß. Aber irgendeine Daseinsform muß die konkrete Norm allerdings haben, um empirisch erkannt zu werden, und da ist die tatsächliche Befolgung, wenn auch bei weitem nicht die einzige, so doch die wichtigste.

So kann ich nicht finden, daß diese Betonung des Gegensatzes von Sein und Sollen, seine Verwertung für die Methode der Rechtswissenschaft gute Früchte eingebracht hätte. Man kann diese Schriften mit ihren auf das höchste getriebenen Abstraktionen, die nicht Spekulation sein wollen, aber dafür Scholastik werden, nicht lesen, ohne sich wie das Tier zu fühlen auf dürrer Heide, vom bösen Geist im Kreis herumgeführt, und ringsumher liegt frische, grüne Weide.

So war es denn in der Tat erfrischend, als ich aus dieser Lektüre heraus auf ein heute so gut wie vergessenes Buch stieß, L. Knapps Rechtsphilosophie aus dem Jahre 1857. Freilich, die Zeit ist an ihm nicht spurlos vorübergegangen. Wir müssen uns schon auf die großen Gesichtspunkte beschränken, um es richtig zu würdigen. Lebhaft versetzt es uns in die Tage, wo die Geister, von den Erfolgen der Naturwissenschaften berauscht, sich von Hegel abwandten und vorschnell glaubten, in einem — sei es positivistisch, sei es metaphysisch gerichteten — Materialismus endlich den Stein der Weisen nun wirklich entdeckt zu haben.

Auch Knapp ist radikaler Positivist, philosophisch nach Feuerbach gerichtet. Dabei baut er auf einer Psychologie, die heute naturgemäß veraltet ist. Aber er hat ein prachtvolles Auge, die Dinge zu sehen, und mit einem oft nur zu sehr sich vordrängenden Schwung der Seele verbindet er eine vollendete Nüchternheit des Blickes. Das Buch ist nur erster Wurf, dem weiteres leider nicht gefolgt zu sein scheint.

Auf die philosophischen Grundlagen des Verfassers einzugehen, würde hier zu weit führen. Es muß genügen, zu sagen, daß für ihn der Zwang durch Gewalt ein so selbstverständliches Begriffsmoment des Rechts ist, daß er es einführt, ohne auch nur ein Wort der Begründung dafür zu haben. Ihm ist das Recht die gewaltsame Unterwerfung des Menschen unter das vorgestellte Gattungsinteresse. Objekt der wissenschaftlichen Betrachtung ist nur das gegebene, d. h. das in einer Erfahrung gegebene, tatsächlich geltende Recht, aber wohlverstanden jedes Recht, gleichviel wo es gilt und ob es noch gilt oder wann es einmal gegolten hat, und die Entwicklung, das Werden des Rechts stellt sich in drei charakteristischen Stadien dar. In der Urzeit entscheidet das Urteil aus unmittelbarer Überzeugung, nicht durch Unterordnung unter einen objektiven, vom Glauben unabhängigen Satz; der Verbrecher wird zum Tode geführt, weil die Richter unkritisch und unwiderstehlich meinen, dies müsse so sein; allmählich aber gießt sich das Recht, vermöge der Gleichartigkeit und getrieben durch die Verwicklung der Fälle, in ausdrückliche Satzungen ein, die anfänglich durch deckende Gesetzgebungsmythen in ihrem starren Bestande erhalten werden. Die zweite Periode leitet sich damit ein, daß in dieser gebundenen Satzung das Recht einer Korrektur durch die Billigkeit bedürftig wird, dessen Wesen die Behauptung des Rechtsgedankens gegen die Mangelhaftigkeit des Rechtssatzes ist. Mit dieser Zersetzung in ein strenges und ein billiges Recht fällt die Verarbeitung des Rechts dem trockenen Verstande zu. Aus Volksrecht wird Juristenrecht. Das Recht in der Hand eines Juristenstandes spinnt sich in künstliche Technik ein und damit von den bewegenden Spulen des Lebens los; philologische Mittel fristen den Erscheinungsformen des Rechts das Dasein über die Zeit ihrer Verständlichkeit hinaus; diese Entfernung des Sinnes der Gesetze vom Leben steigert ihre Verwicklung und macht sie schließlich zu einem gelehrten, dem Nichtjuristen unverständlichen „Barrikadensystem“. Die dritte Periode ist die des — man sieht nicht, ob irgendwo schon verwirklichten — wissenschaftlichen Volksrechts. Nicht durch instinktmäßige Volkstümlichkeit, was ein Rückschritt sein würde, sondern durch volkstümliche Wissenschaft wird das Recht wieder zu einem dauernden Gemeingut.

Drei verschiedene Disziplinen befassen sich mit dem Recht, die Rechtswissenschaft, die Politik, die Rechtsphilosophie. Die Rechtswissenschaft ist Richterwissenschaft. Wer das Recht anruft, wendet sich an eine objektive Gewalt, bei der sein Anspruch Anerkennung finden muß, was notwendig objektiv bestimmte Regelung voraussetzt. Die Rechtssicherheit besteht außer in der Vollstreckungsgewißheit in der Rechtsgewißheit, d. h. es muß einerseits der Sinn des Rechts, andererseits die zu beurteilende Tatsache gewiß sein. Letzteres ist Frage des Beweises, ersteres wird durch Redaktion und Interpretation geschaffen. Diese beiden Funktionen, Redaktion und Interpretation, verweben sich zu einer Einheit und erscheinen, da sie nur das Recht zu vergewissern, nicht zu beurteilen haben, als bloße Fassung des Rechts. Die Erkenntnis der Fassung des Rechts ist die Rechtswissenschaft. Diese Fassung hat weder etwas mit dem Wesen, d. h. der psychologischen Herkunft, noch mit dem geschichtlich gegebenen Inhalt des Rechts zu tun. Sie bietet gegen beides einen nur durch selbständige Mittel ergründbaren und aus jeder Vermischung sich rein abstoßenden, logisch unabhängigen Erkenntnisgrund. Redaktion und Interpretation ist die Aufgabe der Jurisprudenz, Wortbestimmtheit ihr Vollzug. Die fehlerlose Präzision in der wörtlichen Feststellung des Sinnes des Rechts ist die juristische Berufserfüllung; die hierbei gegen jede Gemütswallung und Vernunftlockung bewährte Gleichgültigkeit gegen Wesen und Inhalt des Rechts Genialität. „Je schwunghafter der Stoff, je schwieriger ist die Bewahrung des sachverachtenden Juristenstolzes und je leichter geschieht es, daß selbst der Vollblutjurist, anstatt trocken die Formel zu demonstrieren, das Wallen und Fluten der Substanz besingt" und „In der Schärfe der Begriffskanten, nicht in der materiellen Begriffsfüllung sitzt das Juristische". Dieser materielle Inhalt des Rechts ist Gegenstand der Politik, nicht der einer gänzlich abzulehnenden juristischen Spekulation. Wer die sachliche Wirkung und Begründung von Rechtsinstituten prüft, ist Politiker, alles auf die ursächliche Ergründung des Rechtsinhalts verwendete Wissen ist Politik. Was in Senaten, Parlamenten, Zeitungen, Flugschriften beredet, in Schlagworten der Parteien formuliert wird, enthält die gründlichsten Leistungen, welche der menschliche Geist über die Erkenntnis des Rechts, des seienden wie des sein-sollenden, auf seiner jeweiligen Stufe zu erbringen vermag. Aus dieser ewig fortgehenden Synthese der immer neuesten Ratssprüche mannigfaltiger Wissenschaften, nicht analytisch aus spekulativen Dünsten oder juristischen Künsten webt sich für jede Zeitlage die Erkenntnis des Inhalts der Erschaffung, Erhaltung, Zerstörung des Rechts. Erst wenn der Rechtsinhalt zum Aufbau oder Abbruch fällig, kommt der Jurist, unverantwortlich für die Sachgründe, um durch Redaktion und Interpretation die zweifelbeseitigende Wahrung des Sinnes des Gesetzes, d. h. die Fassung des Rechts, zu vollziehen. Der Inhalt bildet nicht den Stoff, den der Jurist verarbeitet, sondern um den er mit seinen Wortrichtscheiten herumarbeitet. Die Schale des Rechts ist der Kern der Jurisprudenz. „Von jeher hat die Jurisprudenz, ohne dadurch sich selbst untreu zu werden, allen Herren und dem frappantesten Umschwunge der Dinge gedient; sie ist das gesinnungslose Aktuariat der Revolution wie der Reaktion und bleibt sich dabei in ihren Formen gleich, wie über dem Wechsel der Systeme und Dynastien in seinem Format der Moniteur."

Als Rechtsphilosophie endlich läßt Knapp schließlich nur eine seinem materialistischen Standpunkt entsprechende Erkenntnistheorie gelten.

Mancherlei ist daran nicht richtig oder bedarf der Verbesserung. Aber der wahre und wertvolle Grundgedanke tritt doch deutlich hervor. Es gilt zu unterscheiden nicht nach Sein und Sollen, sondern zwischen der vielgestaltigen und reichen Wirklichkeit des Lebens und dem durch „Interpretation und Redaktion" zu schaffenden rationalen, begriffskantigen Aufbau des Rechtssystems. Zu einer vollen Klärung kommt es freilich nicht, zumal Knapp sogleich den Gegensatz, nun wiederum nicht von Sein und Sollen, wohl aber von Sein und Seinsollen, den Gegensatz vom Recht, wie es ist, und vom Recht, wie es sein soll, hineinwirft und obendrein gleich diese verschiedenen Massen an verschiedene Berufe, den Juristen und den Politiker, verteilt. So kann man die Sache nicht auseinanderreißen. Rechtsentwicklung, Rechtssatzung, Rechtsanwendung gehen Hand in Hand. Ein und dieselbe Person muß beides sein, Jurist und Politiker. Nur in der Betrachtung soll er scheiden, und auch das nur, um das Geschiedene zu der Form wieder zu vereinigen, die er sucht. Er soll Jurist sein und auch wieder nicht. Er soll das Leben sehen und nachempfinden, das pulsierende Leben mit allen Zwecken, Strebungen, Leidenschaften und Kämpfen, so wie der es sieht und fühlt, der mitten in ihm und an der Stelle steht, um die es sich jeweils handelt. Und dann soll er ganz richtig nicht das „Wallen und Fluten der Substanz besingen", sondern sich auf den Juristen in sich besinnen, auf die Technik seiner „Wortrichtscheite", mit denen er dann „sachverachtend und ohne Gemütswallung" das wohlverstandene Leben nicht vergewaltigen, sondern in die unerläßlichen festen Formen fassen und in die rechte Bahn leiten wird, sich dessen bewußt, daß nicht nur das Leben sich nach den Gesetzen richten soll, sondern daß auch das Rechtssystem mit seinen Abstraktionen und Induktionen, seinen unvermeidlichen und unentbehrlichen „Begriffskanten" sich ständig am Leben bewähren und abschleifen muß.[1])

Treffen so die freien Gedanken des Rechtsphilosophen die hier vertretene Auffassung nur sehr von ungefähr, so gibt es ein anderes, heute ebenso vergessenes Buch aus derselben Zeit, in welchem ein Zivilist strenger Schulung mit voller Klarheit und Bestimmtheit den Grundgedanken meiner Theorie ausspricht. Es sind das Burkhard Wilhelm Leists Zivilistische Studien, insbesondere die erste Studie: Über die dogmatische Analyse römischer Rechtsinstitute. Er faßt einmal selbst — in Anwendung auf das Eigentum — seine Lehre dahin zusammen (Naturalis ratio und Natur der Sache S. 2 f.): „In betreff des Eigentums können wir nicht sagen, daß vor der positiven Satzung noch gar nichts bestand, wir müssen vielmehr die Keime schon in den ersten Anfängen der Völker anerkennen. Die Elemente dieses faktischen Bestandes sind doppelter Art. Einerseits eine wahre Sittlichkeit als Vorläuferin des positiven Rechts. Wir können dieses Element die geistige Form des Verhältnisses nennen. Das zweite, faktische Element ist ein naturales. Beide Elemente sind ein einziges Ganzes und behalten auch ihren faktischen Bestand, wenn hinterdrein das rein juristische Moment in der positiven Rechtssatzung hinzutritt. Man kann den Komplex jener beiden Elemente das Lebensverhältnis im engeren Sinne nennen und hat bei der wissenschaftlichen Betrachtung des Rechtsverhältnisses einerseits die juristische Seite (den Rechtswillen), andererseits die faktische Seite des Lebensverhältnisses sorgfältig auseinanderzulegen." Der Verfasser sagt einmal, wie unsinnig es wäre, aus den überkommenen Kleidungsstücken eines untergegangenen Geschlechts sich eine Vorstellung von seiner Körperbildung zu machen. So aber machten wir es, wenn wir die Gestaltungen unseres Rechtslebens aus den Gewandungen des corpus juris herauszufühlen unternähmen (I S. 28): Die römischen Juristen freilich haben das Leben scharf studiert, und das von ihnen gefertigte Rechtskleid ist gar eng und glatt über dem Körper angespannt; indessen wir gleichen denen, die fremdes Zeug angezogen haben. Gerade das Alltägliche enthält oft die bedeutendsten und schwierigsten Fragen. Selbständig aber den Gegenstand als einen wichtigen Teil der Wissenschaft anerkennen, selbständig ihn als solchen zu erforschen suchen, das ist unserer gegenwärtigen Jurisprudenz ganz verloren gegangen. Wir machen aus einer Frage des Lebens eine Frage des Rechts, wir sind zu sehr gewohnt,

[1]) Vergl. meine Ausführungen in Ehrenbergs Handbuch des Handelsrechts V, 2 S. 4 ff.

nur das Rechtskleid vor Augen zu haben, so daß wir auch die Fragen über den Organismus des darunter steckenden Körpers als Fragen über den Stoff und die Verfertigung des Kleides ansehen (a. a. O. S. 32). Es wäre Pflicht, einmal ganz selbständig eine Wissenschaft des Privatlebens (rerum humanarum notitia) aufzubauen (S. 35). Das Leben, das uns frisch und in bewegter Fülle umgibt, das Leben unserer Gegenwart, unserer Nation wollen wir erkennen; wir wollen dem Botaniker gleich ein Lebensverhältnis wie eine Pflanzengattung betrachten, deren Struktur, Bedingungen des Gedeihens, Lebensprozeß, Umfang der Verbreitung mit sorgsamem Auge verfolgt werden muß (S. 39). Die Römer vermochten mehr; sie waren mit ihrem einfach ungetrübten Blick imstande, die Sätze selbst aus den Dingen zu abstrahieren, sie geistig also zu produzieren; und wir sollten vor lauter Gelehrsamkeit zu einem solchen selbsttätigen Naturstudium, zu einem wahren Hineinleben in die uns umgebenden Lebensverhältnisse nicht mehr fähig sein? (S. 49.) Das Recht ist ein bestimmter Wille der Gesamtheit. Das Objekt, worauf sich die Regeln des Rechts beziehen, sind die Lebensverhältnisse der Menschen. Diese tragen eine bestimmte Natur bereits in sich, sie richten sich zunächst nach den Regeln, die wir die Natursätze genannt haben. Aber die Menschheit bedarf in betreff derselben einer äußeren Satzung (S. 62). Die erste Frage aber über den inneren Charakter, über, wenn ich so sagen darf, den Stoff der Rechtssätze kann doch offenbar nur die sein, wie sich dieselben zu jenen Natursätzen verhalten; beide stehen sich einander selbständig gegenüber (S. 66). Dieser materielle Stoff drängt mit Naturgewalt auf seine rechtliche Verwirklichung. Er ist nicht das positive Recht, wohl aber positiver Rechtsstoff, dasjenige Recht, welches in Wahrheit über der Menschheit steht. Er ist das von Gott uns gegebene Recht, nicht durch eine unmittelbare Offenbarung, sondern mittelbar durch die Stellung, welche der Menschheit hier auf Erden gegeben worden ist (S. 90 f.)".

Diese Sätze sind von unmittelbarer Evidenz, dabei methodisch von größter Bedeutung. Nur darf man auf keinen Fall — wie das bei Leist oft stark anklingt — das Verhältnis historisch, als eine zeitliche Folge auffassen. Es ist ein rein begriffliches, und das Moment der Entwicklung ergreift beides miteinander und zugleich, die Lebensverhältnisse und ihre juristische Gestaltung. Auch ist diese ganze Betrachtungs- und Behandlungsweise nicht auf das allgemeine Tun der Gesetzgebung und der wissenschaftlichen Ausbildung der Rechtsinstitute beschränkt, auf das, was dem damaligen

Zivilisten im Vordergrund stand, die Anpassung der römischen Rechtssätze auf das moderne deutsche Leben. Sie ist vielmehr und auch heute noch so recht bei der Rechtsanwendung angebracht, bei der Anwendung der durch Abstraktion, Deduktion und Induktion gewonnenen Begriffe und Normen auf das konkrete Einzelne und Einmalige, wo sich dann zeigt, daß nicht nur die Regel das Leben bestimmt, sondern wiederum am Leben die Regel sich zu rechtfertigen hat und der Vertiefung, Abschleifung, auch Umbiegung und Korrektur unterliegt, jenem unablässigen, in Wahrheit ja auch ständig geübten, aber der methodischen Klärung und damit der inneren Befreiung bedürftigen Tun, das in dem Anschwellen unserer Kommentare von Auflage zu Auflage so handgreiflich in die Erscheinung tritt.

Wenn die Worte Leists so wenig Gehör gefunden haben und heute vergessen sind, so hat die Schuld hieran wohl auf beiden Seiten gelegen, beim Verfasser sowohl wie bei seinem Publikum. Man war damals erkenntnistheoretisch noch ganz unbefangen und hat außerdem vermutlich gar nicht gesehen — auch das nicht ohne Schuld des Verfassers —, daß sein Gedanke nicht nur für die Anpassung des fremden Rechts auf die heimischen Verhältnisse, sondern ganz allgemeine Bedeutung hatte. Weil er die Welt der Wirklichkeit dem Reich des Gedachten nicht richtig gegenüberzustellen verstanden hat, ist es Leist nicht geglückt, seine Lehre überzeugend durchzuführen. Er dachte sich als letzte Grundlage des Gegebenen das Rein-Natürliche, also doch wohl die Materie, und bedachte nicht, daß wir auch die Natur nicht anders aufzufassen vermögen als wiederum begrifflich. So wurde er auch im Natürlichen verständlicherweise des Begrifflichen nicht ledig und gerät in Verlegenheit, im Begrifflichen den Punkt zu bestimmen, wo das Spezifisch-Rechtliche beginnt. Es handelt sich ja auch gar nicht um eine wirkliche Scheidung, sondern nur um einen — als solchen bewußten — methodischen Kunstgriff, der im ganzen überhaupt nicht, vielmehr immer nur von Fall zu Fall am einzelnen gehandhabt werden kann. Eigentlich ist der Ausdruck Scheidung hier gar nicht die richtige Metapher. Wie der Anatom, der Chirurge, der Künstler in die vollen, runden, schönen Formen des menschlichen Körpers das Gerippe hineinschaut, das den Körper trägt und ihm seine Struktur verleiht, wie er wohl auch unbewußt beim Anblick des Körpers dessen inneres Gerüst als sein statisches Moment mitempfindet, so soll der Jurist lernen, ebenso schnell und sicher, wie er am und im Lebensverhältnis dessen rechtliche Struktur erkennt, diese Struktur wiederum, das ganze System der juristischen Begriffe und Beziehungen, aus der Wirklichkeit des Lebens unausgesetzt zu ergänzen, es nur als ein dieser Ergänzung Bedürftiges zu verstehen.

Statt dessen sehen wir in breiter Welle die heutige Rechtsphilosophie oder allgemeine Rechtslehre den entgegengesetzten Weg wandeln. Sie versteigt sich in immer abstraktere Gedankengänge, bis in die höchsten, schließlich sich nur überkippenden Spitzen hinauf, wo man sich am Ende doch immer nur um sich selbst bewegt, Leben und Wirklichkeit aber ganz vergißt:

Nirgend haften dann die unsicheren Sohlen,
Und mit ihm spielen Wolken und Winde.

II.

Was ist nun „Imperativ"? Auch darüber wird gestritten, und doch ist die Frage für uns einfach genug. Auch hier sieht man sich veranlaßt, die unbefangene natürliche Auffassung gegen kritische Zersetzungen der Erkenntnistheorie in Schutz zu nehmen. Auch hier gilt es für die Rechtswissenschaft, den richtigen Standpunkt der Betrachtung, die richtige Distanz zu gewinnen.

Wenn wir sagen, daß Imperativ die Äußerung eines Wollens ist, das auf ein Sollen geht, so haben Psychologie, Ethik, Metaphysik alle Veranlassung, dem noch weiter auf den Grund zu gehen. Aber auch für sie ist zu beachten, daß Analyse nicht Selbstzweck ist. Immer gilt es, von ihr zurückzugehen zur Synthese. Es gilt, von der gegebenen, ersten, vorläufigen Synthese über Analyse zur verbesserten, nunmehr durchsichtig gewordenen Synthese und damit zu dem in seinem Gefüge klar erkannten, vollendeten Begriff zu gelangen. Aber das ist die Aufgabe jener Wissenschaften, die für die Rechtslehre Hilfswissenschaften sind. Für die Rechtswissenschaft sind diese — in der Ebene der Wirklichkeit liegenden — Dinge, die sie als fertige Dinge von ihren Schwestern übernimmt, letzte Gegebenheiten.

Unser Bewußtsein, so schnell und leicht es Zeit und Raum durchfliegt, ist im gegebenen Augenblick immer eng. Wie wir beim Sehvorgang unterscheiden zwischen Blickpunkt und Sehfeld und nur das im Blickpunkt Liegende deutlich wahrgenommen wird, das ohne scharfe Grenzen in das Sehfeld übergeht, welches seinerseits wiederum allmählich ohne scharfe Grenzen ganz verschwindet, so ist es mit allen Vorgängen des Bewußtseins. Immer finden wir in uns neben den klar und sicher erlebten Vorgängen eine all mählige Abstufung hinab zum minder Bewußten und schließlich Unbewußten, und im zeitlichen Ablauf findet dann in diesem Bestande — immer ein Fließen ohne scharfe Grenzen — ein fortwährender Wechsel statt. Unsere Vorstellungen, Triebe, Gefühle kommen und gehen. Die Psychologie kennt den Begriff der Schwelle des Bewußtseins. Aus einem Untergrunde des Unbewußten steigt es über diese Schwelle herauf, um in ihm wieder zu verschwinden. Und wenn auch unausgesetzt von außen Eindrücke kommen und fortgesetzt solche äußeren Eindrücke vom Bewußtsein aufgenommen werden, so geschieht das doch nicht, ohne daß sie sich im weitesten Maße sofort auf das innigste mit Eindrücken — Erinnerungen — verknüpfen, welche die Seele aus dem eigenen Bestand beiträgt. Kein Wiedererkennen, überhaupt kein „Erkennen" ist möglich, es sei denn, daß das Wahrgenommene irgendwie mit schon Bekanntem, schon Erlebtem in einen Zusammenhang gebracht wird, mit etwas, das im Moment der Wahrnehmung vielleicht zufällig einmal bereits im Bewußtsein lebt, meist erst durch die Wahrnehmung ins Bewußtsein gerufen wird. Woher die Seele dieses aus eigenem beigetragene Material nimmt, wie der Vorgang wissenschaftlich zu erfassen ist, sind Fragen der Psychologie und Philosophie. Aber die Tatsache ist gegeben, daß unser Bewußtsein auf einer breiten Unterlage des Unbewußten ruht, aus der es unausgesetzt auf das ergiebigste gespeist wird. Jedermann weiß, wie launisch die Zusammenhänge im Verlauf unserer Vorstellungen oft zu sein scheinen, vollkommen rätselhaft, wenn wir nicht berechtigt wären, der Herkunft aus dem Unbewußten nachzugehen, wo dann — ähnlich wie im Erdreich die Wurzeln einer Pflanzenwelt — die Fäden verlaufen und das an der Oberfläche Getrennte in der Tiefe verknüpfen. Es ist das nur ein Bild, das als solches noch nichts erklärt. Aber für unseren Abstand von der Sache gilt es auch nicht, das zu erklären. Uns kommt es nur auf die gegebenen Tatsachen an. Diese müssen hervorgehoben und voll zur Darstellung gebracht werden. Und dazu ist ein Bild ein erlaubtes und oft ein gutes Mittel. Und daher sei denn auch noch ein anderes Bild gestattet. Unser Bewußtsein ist wie ein Gebirgsstock im ersten oder letzten Strahl der aufgehenden oder untergehenden Sonne. Nur die höchsten Spitzen der Berge liegen im Lichte, das übrige im Schatten und im Dunkel der Nacht. Oder vielleicht besser noch vergleicht man die Seele mit einem wogenden Meere, wo dann das Bewußtsein sich nur in den Kämmen der sich brechenden Wellen darstellt. Unausgesetzt dringen von außen die Eindrücke auf uns ein, unausgesetzt assoziieren sie sich mit Erinnerungen, die aus dem Unbewußten kommen, unausgesetzt sinkt das neue Phänomen unter die Schwelle des Bewußtseins hinab, um sich dem dort Vorhandenen, wir wissen nicht wie, zu gesellen. Ja, es braucht das im Unbewußten Liegende gar nicht einmal die Schwelle des Bewußtseins zu überschreiten, um in diesen Zusammenhang wirkend einzugreifen. Wenn uns der Naturphilosoph sagt, daß nicht ein Stein im Gebirge sich lösen und stürzen kann, ohne daß die Wirkung nachzittert in das Weltall bis in seine fernsten Fernen, so kann man vielleicht mit mehr Recht hier sagen, daß kein Eindruck kommt und geht, ohne daß er zu dem seelischen Bestande des Unbewußten das Seine beiträgt. Dabei unterliegen wir durchweg einer sozusagen optischen Täuschung. Wissenschaften, die sich zur Erläuterung ihrer Sätze graphischer Darstellungen bedienen, wenden hierbei oft an, was man den „verzerrten" Maßstab nennt. Die Abmessungen werden nach der einen Seite übertrieben gewählt, meist in einem bestimmten Vielfachen des Richtigen. Ein bekanntes Beispiel sind unsere plastischen Globen. Es müßte schon ein Riesenexemplar sein, auf welchem bei richtigem Verhältnisse auch nur die höchsten Berge merklich hervorträten. So übertreibt man also und gibt im Grunde ein falsches Bild. Was hier bewußt und mit Methode, d. h. nach gegebenen Proportionen und mit der Aufforderung, das Bild in Gedanken zu verbessern, geschieht — das üben wir täglich und stündlich unbewußt und in dem Maßstab der Übertreibung unkontrolliert. Jede Ideologie — auch die berechtigte — besteht in diesem Verfahren. Nicht nur, daß sie immer bloß eine Seite der Dinge je nach dem Standpunkt, den sie wählt, hervorhebt, sie betont sie auch zugleich übertrieben. Wir alle verfahren so, wenn wir uns selbst beobachten und wenn wir uns in andere hineinversetzen. Wir sehen das Bewußte und fast nichts als das Bewußte. Gewiß ist der Mont Blanc ein gewaltiger Berg. Aber er verschwindet im Verhältnis zum Ganzen, zum Erdball. Und warum sollte das Verhältnis des Bewußten zum Unbewußten in uns nicht das gleiche sein? Wer will sagen, wie verzerrt der Maßstab ist, den wir anlegen? Welch ein gewaltiger Abstand vom genialen Menschen, einem Goethe, zum harmlosen Naturkind eines afrikanischen Negerstammes. Aber sollte nicht auch er verschwinden, wenn wir ermessen, wie sehr beide sich vom Tier unterscheiden? Während auch heute noch viele den Begriff eines unbewußten Seelenlebens bestreiten, tun wir vielmehr gut, uns zu vergegenwärtigen, daß wir die Bedeutung und den Einfluß des Unbewußten gar nicht hoch genug veranschlagen können.

Das vom Bewußtsein im allgemeinen Gesagte gilt auch vom Willen insbesondere. Denn Fühlen, Wollen, Vorstellen sind eins. Es ist immer ein und dasselbe seelische Geschehen, dem wir in abstrahierender Betrachtung diese verschiedenen Seiten abgewinnen. Wir analysieren das Gegebene, um es unserem Verständnis näherzubringen. Aber wir dürfen auch hier über der Analyse nicht die Synthese aus den Augen verlieren. Vielleicht wird nirgends so oft wie gerade hier der Fehler gemacht, daß man in der Analyse stecken bleibt und die gefundenen Begriffe, Wollen, Fühlen, Erkennen, zu selbständigen Wirklichkeiten erhebt.

Dagegen muß man, wenn man so die Seele von der Willensseite betrachtet, nach einer anderen Richtung differenzieren. Es ist ein Unterschied, ob ich den Willen psychologisch betrachte oder ethisch, allgemeiner gesprochen, praktisch. Ersteren Falles ist der Wille die gegenwärtige, als ein letztes gegebene, daher im Grunde immer nur mit tautologischer Bezeichnung zu benennende Aktivität der Seele, wie sie sich in ihrer Eigenbewegung sowie in der durch Innervation des Motoriums hervorgerufenen Körperbewegung kundtut. Jedes bewußte Tun des Menschen ist in seinem Wollen dieses Tuns konstituiert oder doch jedenfalls von ihm begleitet, und dieses Wollen, dieser psychologische Wille findet denn auch in diesem Tun seine Erfüllung, seinen Abschluß, sein Ende. Anders sieht die Sache für die ethische und praktische Betrachtung aus. Während der Psychologe bestrebt sein muß, den Willen in entschlossener Abstraktion tunlichst restlos zu isolieren, kann gerade mit dem isolierten Willen die ethische Betrachtung nichts anfangen. In doppelter Beziehung nicht. Sie interessiert nicht nur der Wille, sondern in ihm und mit ihm zugleich der Intellekt und das Verhältnis beider zu einander, und vor allem — denn jenes ist natürlich auch eine psychologische Frage — interessiert sie nicht nur die Körperbewegung des Täters, sondern auch deren Folge. Wie auch immer wir uns die Einreihung des Willens in den pragmatischen Zusammenhang des Ablaufs der Dinge vorzustellen haben, wofern wir nur die unmittelbare Körperbewegung oder, gleich besser gesagt, den ganzen Ablauf von der ersten Innervation des Motoriums bis in die Muskelkonzentrationen der äußersten Finger- und Fußspitzen auf den Willen zurückführen, gilt das gleiche denn auch von den weiteren Folgen. Immer sind die Folgen der Handlung zugleich Folgen des Gewollten, und gegenüber dem Tun einschließlich seiner Folgen, dem Erfolge, ist für die praktische Beurteilung die interessierende Frage die nach dem Tatbestand von Wille und Vorstellung im gegebenen Moment. Inwieweit deckt sich die mit der Tat verbunden gewesene Vorstellung vom Tun und seinen Folgen mit dem wirklich eingetretenen Verlauf? Die Frage ist: War der Erfolg gewollt? Und die Antwort lautet: Er war gewollt soweit, als sich die Vorstellung des zu erreichenden Erfolges mit dem deckt, was wirklich geschehen ist. Jedenfalls, die Frage ist einfach und klar gestellt. Daß die Antwort nicht immer leicht ist, daß hier vielmehr namentlich auch für das Strafrecht ganz außerordentliche Schwierigkeiten liegen, kann niemand verkennen. Aber darauf kommt es jetzt und hier nicht weiter an. Hier ist nur die Richtigkeit des Grundschemas in Frage. Es muß zugestanden werden, daß Gegenstand und Inhalt des Wollens im praktischen Sinne des Wortes nicht nur die Körperbewegungen, sondern auch deren Folgen sein können. Immer handelt es sich um die Vorstellung, welche zur Zeit des Tuns im Bewußtsein war. Aber der erst nach geraumer Zeit eintretende Erfolg hört darum nicht auf, gewollter Erfolg und damit vorsätzliche Tat, hört nicht auf, gewollt zu sein, weil der Täter im Moment, wo der Erfolg eintritt, an die Sache nicht mehr denkt. Stelle ich meine Weckuhr auf 6 Uhr, so hat psychologisch mein Tun und mein Wollen geendet, wenn ich den Zeiger gestellt und die Uhr aufgezogen habe. Aber nichtsdestoweniger, wenn am Morgen das Läutewerk anhebt, ist das meine Tat, mein Wille.

Vielen Lesern wird das alles selbstverständlich und trivial erscheinen. Nun wohlan, dann um so besser. Aber wer so spricht, kennt die juristische Literatur über diese Frage nicht und weiß nicht, daß es sehr notwendig ist, diese einfachen Dinge mit allem Nachdruck auszusprechen.

Der Mensch lebt nun aber nicht nur in Beziehungen zu der ihn umgebenden Körperwelt, sondern auch in der Gemeinschaft mit anderen Menschen, in die er eingefügt ist. Auch hier will der einzelne sein und leben, er will sich erhalten, sich durchsetzen, zur Geltung bringen. Er greift aus sich und über sich hinaus in das Du, das Ihr, wie in sein Ich wiederum das Du oder der Du eingreift. Und auch hier ist der Wille jenes Prinzip der Aktivität. Nur wird, was dort Kausalität ist, hier Motivation. Dem Wollen des Ich entspricht das Sollen des Du und in jedem Sollen des Ich müssen wir denknotwendig als Korrelat nach dem Wollen in irgendeinem Du suchen. Und wo nun dieses Wollen von dem Gefühl der Überlegenheit, der Begriff dieses Wollens von dem Gedanken der aus irgendeiner Quelle fließenden Macht getragen ist, haben wir in der Erklärung dieses Wollens den Imperativ. Auch hier gilt das Gesagte. Die Erklärung des Imperativs ist Handlung und gewollt. Dieser Wille — der psychologische Wille — hebt an und endet mit der Handlung, der Erklärung. Oft mag auch praktisch der erklärte Wille nur für den Augenblick gemeint sein und im Augenblick befolgt werden, womit er dann auch sein Ende nimmt. Aber oft auch ist es auf Dauer, vielleicht sehr lange Dauer, oft überhaupt nicht auf jetzt, sondern auf spätere Zeit abgesehen, und dann dauert auch das Wollen, gleichviel wo es bleibt, ob über oder unter der Schwelle des Bewußtseins des Befehlenden. Und nicht anders ist es mit dem entsprechenden Sollen, das auch ein seelischer Zustand ist, der nun ebenfalls in seiner Weise bald über, bald unter der Bewußtseinsschwelle liegt. Herrscht — um auf das Beispiel zurückzukommen — in einer Anstalt die Hausordnung, daß um 6 Uhr aufgestanden, um 7 Uhr gefrühstückt wird usw., so beruht das alles auf dem „Willen" des Vorstehers. Immer, wenn die Stunde schlägt, tritt der Befehl in Wirksamkeit. Er ist gegeben und Stunde um Stunde ist er da, gleichviel ob der Vorsteher daran denkt oder nicht. Die Schüler denken an ihn, wenn sie ihn befolgen. Aber auch darauf kommt es nicht an. Auch wenn alle, den Vorsteher eingeschlossen, verschlafen, ist der Befehl zwar nicht befolgt, aber existent ist er geworden, war er da, als es 6 Uhr geworden war. Der Befehl wurde in diesem Augenblick existent. Die allgemein gehaltene Hausordnung ist nur erst das Schema des Befehls, das seine der Sachlage entsprechende Ergänzung von den Gegebenheiten des Augenblicks erwartet. Mit ihr ist nur erst im voraus gesagt, wie der Befehl im gegebenen Augenblick lauten wird. So wird der Kreis der Personen, an die er gerichtet ist, mit wechselndem Personalbestand wechseln. Vielleicht war einer der Schüler erkrankt und der Sachverhalt wird ergeben, daß ihm der Befehl, aufzustehen, nicht gegeben wurde. So beherrscht im ganzen Zuge der Zeit nicht ein längst vergangener, sondern der jeweilige, lebendige, gegenwärtige Wille die Tageseinteilung, der erst dann ein Ende nimmt, wenn der Vorsteher sich anders entschließt, seinen Willen aufgibt, d. h. die Tagesordnung ändert oder aufhebt.

Diese Hausordnung ist im kleinen ein getreues Bild dessen, was im großen die Rechtsordnung ist. Ist es schon in den gegebenen Verhältnissen einer Schulanstalt nicht ausführbar, alle Möglichkeiten vorauszusehen und darüber Bestimmungen zu formulieren, so ist das vollends in dem gewaltigen Gebiet der gesamten Rechtsordnung gänzlich ausgeschlossen. Blieb der schwer erkrankte Schüler im Bette liegen, obwohl es 6 Uhr schlug, so entsprach das dem Befehl, auch wenn in der Hausordnung davon nichts stand und der Vorsteher von der Erkrankung noch nichts wußte. Das entsprach dem Willen des Vorstehers, der ein vernünftiger Mensch ist. Das Aufstehen wäre ein Mißverstehen seines Befehls gewesen. Diese Erscheinung eines gewissermaßen objektiven, d. h. von der stets festgehaltenen Gegenwart im Bewußtsein unabhängigen Willens, der obendrein vorläufig bis zu einem gewissen Grade unausgefüllt seine Ergänzung je nach der Entwicklung der Dinge finden soll — auch nach Absicht des Befehlenden finden soll, auch da und gerade da, wo er selbst in Person nicht gegenwärtig ist und daran denkt —, ist sehr verbreitet und für das praktische Leben von der größten Bedeutung. Der ganze Mechanismus unseres Kulturlebens beruht auf ihr. Alle Ordnung in Handel und Wandel, in Technik und Produktion, im Schaffen und Genießen ist nur möglich kraft dieser Immanenz des lebendigen Willens einer ordnenden Hand, dessen mächtigste und umfassendste Erscheinung der Wille des Staates ist. Hier ist die große und schwierige, im Grunde nie endende Aufgabe, diesen Staatswillen im voraus so zu fassen und der Gesamtheit kundzutun, daß er so zuverlässig und sicher, als es erreichbar ist, im gegebenen Augenblick nach Maßgabe der gegebenen Umstände abgelesen werden kann.

Selbstverständlich kann auch der Jurist unter Wollen immer nur die naturgegebene Tatsache des menschlichen Willens verstehen. Wenn zwischen psychologischem und praktischem Willen unterschieden wird, so sind das nur verschiedene Weisen der Betrachtung eines und desselben Geschehens, das je nachdem, unter welchem Gesichtspunkt wir es betrachten, verschieden an Umfang in unterschiedene Relationen eintritt und darum unterschieden erscheint. Fragen wir, ob die Folgen einer Handlung dem Willen zuzurechnen sind, so wird darum der Wille kein anderer. Es sind nur auch diejenigen die Handlung begleitenden Vorstellungen mit heranzuziehen, die sich auf deren Folgen beziehen. Etwas ganz anderes ist es und muß abgelehnt werden, wenn Somló behauptet, daß die Jurisprudenz genötigt oder in der Lage sei, mit zwei verschiedenen Begriffen des Wollens zu arbeiten (a. a. O. S. 224 ff.). Allerdings, sagt er, sei der natürliche Willen ein von ihr hinzunehmender und schlechthin anzuerkennender Grundbegriff; es gebe aber auch einen Rechtsinhalts- oder juristischen Allgemeinbegriff des Wollens, mit dem der Jurist und der Gesetzgeber souverän schalten könnten; sie könnten als Willen bezeichnen, was psychologisch gar keiner sei, sie könnten einen Willen präsumieren und fingieren, am Begriff des psychologischen Willens beliebig herummodeln, ihn einengen oder ausdehnen und zu einem besonderen Begriff gelangen. An einer anderen Stelle heißt es, es bedeute einen Unterschied, was Wille sei und inwiefern er für die Jurisprudenz in Betracht komme, was anderseits einem Rechtsinhalt (einer Norm) gemäß unter einem Willen zu verstehen sei; diese beiden Begriffe brauchten sich durchaus nicht zu decken. Das ist sichtlich nicht richtig. Das Recht kann und muß, wenn es den Willen zu einem Moment des Tatbestandes erhebt, an die Beschaffenheit des Willens seine Anforderungen, zum Teil seine speziell rechtlichen Anforderungen stellen. So, wenn es positiv und der wahren Sachlage entgegen nach einem Durchschnittsmaßstab die Reife des Willens an eine bestimmte Altersgrenze knüpft, wenn es unterscheidet, ob eine vorsätzliche Handlung mit Überlegung begangen ist oder nicht usw. Aber das tut, wenn auch oft in anderer Weise, die Ethik nicht minder. Damit wird an dem Begriff des Willens im geringsten nichts geändert. Selbstverständlich kann der Gesetzgeber auch das Präsumieren und Fingieren eines Willens bestimmen. Aber damit am wenigsten wird an dem Begriff des Willens gemodelt. Vielmehr ist gerade das, was als existierend angenommen wird, ein Wille in seinem vollen begrifflichen Tatbestand, und nur die Existenz wird hinzugedacht, was bekanntlich kein Merkmal des Begriffs ist. Und wenn man nun freilich dem Gesetzgeber das Fingieren eines Willens nicht verwehren kann, so darf doch darum die Theorie noch nicht mit fingiertem Willen operieren. Gerade da fingiert ja das Gesetz, wo die Theorie es im Stich läßt.

Eine kleine Abschweifung und ein kurzes Vorgreifen sei hier gestattet. Die Ausführungen Somlós zielen auf seine Theorie des Gesamtwillens ab, die ganz in den Spuren Kelsens wandelt und abgelehnt werden muß. Er unterscheidet drei Begriffe des Gesamtwillens (a. a. O. S. 232 f.). Zunächst die einfache Tatsache, daß mehrere Menschen dasselbe wollen, sodann den normativen und schließlich den kollektivpsychologischen Gesamtwillen. Der erste Begriff interessiert nicht weiter. Der zweite ist der konstruierte Willen in Kelsens Staatswillen. Er soll so zustande kommen, daß der Wille einzelner (eines oder mehrerer) einer (größeren) Mehrheit von Menschen zugerechnet wird. Gegenüber der „natürlichen" Einheit der Übereinstimmung in jenem ersten Fall liege hier eine normative Einheit vor, eine Einheit, die durch die Norm gebildet werde, nach welcher der Wille der einen Gruppe als Wille der anderen angesehen werden solle, oder, wie es auch ausgedrückt wird, wonach der Wille des einen oder einzelner einer Mehrheit von Menschen zuzurechnen sei. Nach meiner Auffassung kann man das nicht entschieden genug ablehnen. Es ist der reine Hokuspokus. Man glaube doch nur nicht, daß man auf dem Wege der Begriffskonstruktion zu etwas Wirklichem gelangen kann. Und Somló versichert ausdrücklich, daß auch in diesem Falle der Gesamtwille etwas Wirkliches sei. Das ist er auch. Aber nur insofern, als die Beteiligten es allerdings zu spüren bekommen, wenn man mit dieser Zurechnung praktisch Ernst macht. Aber wenn dann diejenigen unter ihnen, die nicht für die Sache gestimmt haben oder gestimmt waren, fragen, wieso ihnen zugerechnet werden könne, was sie nicht gewollt hätten, und wenn ihnen dann erwidert wird, das beruhe auf ihrem Anteil am normativen Willen, oder es werde ihnen nicht deshalb zugerechnet, weil sie gewollt hätten, sondern weil ihnen zugerechnet werde, hätten sie gewollt, oder nach dem Gesetz sei es so, weil es nach dem Gesetz so sein solle, oder wenn Kelsen ihnen sagt, sie dürften nicht aus der normativen Art der Betrachtung in die explikative verfallen, es sei gar nicht so, es solle vielmehr nur so, dann würden sie wohl mit Recht bitten, man wolle doch zu dem Schaden nicht noch den Spott fügen. Nein, von dem Sollen zum Sein führen tausend Brücken, vom Gedachten zum Wirklichen führt in alle Ewigkeit nicht der kleinste Steg. Nur wenn im Gedachten schon Wirkliches ist, gelangt man wiederum zu Wirklichem. Wir wollen uns doch von den einfachsten Wahrheiten nicht abdrängen lassen. Wo kein Wille vorhanden ist, vermag auch keine Rechtsmacht einen solchen zu schaffen. Es bleibt dabei — darauf wird noch näher einzugehen sein —, daß ein Gesamtwille nur so besteht, daß alle einzelnen, diejenigen eingeschlossen, die in dieser oder jener Frage dissentieren, der Wille zum Ganzen beseelt.

Erst mit dem dritten Begriff des Gesamtwillens, dem kollektivpsychologischen, kommt Somló auf den Willen, der allein ein solcher ist, den er aber nur unvollkommen schildert, wenn er sagt, die Willensübereinstimmung einer Vielheit von Menschen könne das Ergebnis einer bewußten oder unbewußten Beeinflussung ihrer Mitglieder sein; der übereinstimmende Wille aller sei dann ein Ausgleich ihrer Wollungen, der Wille eines jeden sei aus dem Willen aller übrigen hervorgegangen. Wenn damit gesagt sein soll, daß schließlich doch alle einverstanden sein müßten, so wäre das eben nicht zutreffend. Richtig ist, daß dieser Gesamtwille nicht nur in Gestalt des Staatswillens existiert. Innerhalb des Ganzen eines Volkes sind engere und immer engere Gruppen eines solchen psychischen Zusammenschlusses ebenfalls fähig, und der Sache nach gilt das nicht nur — um mit F. Tönnies, Gemeinschaft und Gesellschaft, zu reden — von Gemeinschaften, sondern auch von Gesellschaften, bis herab zur einfachen Gesellschaft des bürgerlichen Rechts, abgestuft in ununterbrochener Kontinuität, wie sie nun einmal der Wirklichkeit eigen ist. Und selbst damit bricht die Sache noch nicht ab. In immer schwächerer Weise, man darf vielleicht sagen, hier nur noch in embryonaler Form, setzt sie sich fort in den synallagmatischen und anderen Verträgen, wo sie das scharfblickende Auge Stammlers als das verbundene oder verbindende Wollen richtig gesehen und herausgestellt hat. Die Rechtsordnung schafft diesen Willen, diese Willensverschlungenheit nicht. Aber allerdings macht sie — entsprechend ihrer Aufgabe und ihren Zwecken — sie zum Gegenstande ihrer Vorschriften. Sie zieht — gegen die Natur der Sache, die Kontinuität ist — die begriffliche Grenze, wo der Gesamtwille ihr ausreichend ausgeprägt erscheint, ihn als Substanz für eine selbständige Persönlichkeit anzuerkennen, die er in den vollkommeneren und umfassenderen Erscheinungen so handgreiflich und mit zwingender Wahrheit ist, daß die Rechtsordnung gar nicht umhin kann, ihn als solche gelten zu lassen. —

Die im vorstehenden entwickelte Theorie unterscheidet sich wesentlich von der Imperativentheorie in ihrer bisherigen Gestalt. Aber hat schon der Gedanke, daß das Recht ein Inbegriff von Imperativen sei, etwas so Zwingendes an sich, daß er selbst in dieser, wie ich zugebe, angreifbaren Form unverkennbar immer mehr Anhänger gewinnt, so steht zu hoffen, daß er in der ihm hier gegebenen verbesserten Gestalt das Feld schließlich unbestritten behaupten wird. Ihr gegenüber werden alle Bedenken, die noch bestanden, hinfällig.

Wenn man einwendet, daß in unseren Gesetzen, in der Verfassung, in den Prozeßordnungen, im bürgerlichen, im Handelsgesetzbuch, im Strafgesetzbuch viele Sätze stehen, die keine Imperative sind, so leiste ich der Imperativentheorie keinen guten Dienst, wenn ich auf die Verkündungsformel aller dieser Gesetze und auf die damit etwa an Richter und Behörden, an das Publikum ergehenden Befehle, sich an das Gesetz zu halten, hinweise. Dann könnte mir Gierke (Deutsches Privatrecht I § 15 Anm. 19) mit Recht erwidern, daß ich ebensogut die Genusregeln der Grammatik deshalb für Imperative erklären müßte, weil dem Schüler ihre Anwendung befohlen wird. Nein, die Gegner haben ganz recht und sind mit ihrer Behauptung sogar noch mehr im Recht, als sie selbst glauben. In allen unseren Gesetzen zusammengenommen steht kein Imperativ, keiner der Imperative, deren Inbegriff das Recht ist. Das ist natürlich anders, wenn man das Recht im Sinne des sogenannten objektiven Rechts im Auge hat. Da kommen Sätze in Befehlsform vor, untermischt mit anderen Sätzen. Anders aber, wenn wir das Recht im Sinne derjenigen Definition nehmen, die seine Realdefinition ist, im Sinne des lebendigen, verwirklichten, sich ständig verwirklichenden Rechts, dessen Substanz Wille des Staates in Beziehung auf Tun und Lassen seiner Angehörigen ist. Nur für dieses Recht dürfen wir die Imperativentheorie in Anspruch nehmen. Unsere Gesetzbücher sind keine Imperative. Ganz richtig. Aber andererseits steht in ihnen auch nicht ein Satz, der nicht geeignet und gegebenen Falles berufen wäre, Verwendung zu finden in dem Gedankengange, der den Befehlenden bei seinem Befehle, den einzelnen, wenn er dem Befehle nachkommt, leitet, Verwendung zu finden in dem Syllogismus, in welchem der Befehlende wie der Gehorchende zum Ergebnis kommt, und wenn sich etwa doch solche Sätze dort finden sollten, so sind sie an einer Stelle, wo sie nicht hingehören, und ein toter Ballast. Lebendig werden alle jene Sätze natürlich auch im Kopfe des Gelehrten, des Juristen, im Studierzimmer, auf dem Katheder. Lebendiges Recht aber werden sie erst, wenn sie im Kopfe des Richters, des Anwalts oder — schlecht und recht — im Kopfe des Laien, der danach sein gesellschaftliches Dasein gestaltet, wirksam werden, d. h. als Befehle. Neben diesen Imperativen können die gewährenden, erlaubenden, begriffsentwickelnden Sätze des Systems gern ihren Platz behaupten.

Mit einem besseren Schein des Rechts hat man gefragt, wie kann man Kindern, Wahnsinnigen, toten Stiftungen Befehle erteilen wollen, und doch haben sie Rechte und Pflichten, oder wenn nicht Pflichten, so doch oft genug Schulden. Selbst Hold v. Ferneck, der sich zur Imperativentheorie bekennt, führt als „schlagend" den Satz Merkels an: Augenscheinlich hat es keinen Sinn, Befehle an jemanden zu erteilen, von dem wir wissen, daß er sie nicht verstehen und befolgen kann. Das Argument macht starken Eindruck. Und doch kann ich nur erwidern, ich habe in meinem Beruf als Richter unzähligemal an Stiftungen, Kinder und Wahnsinnige Befehle erlassen. Das wird mir jeder glauben und niemand wird behaupten, daß ich damit etwas „Unsinniges" getan hätte. Wenn alles gut ging, so lag das daran, daß das Leben nicht ein Schema ist, sondern ein sehr verwickeltes Ding. Es gilt in vielen Lagen nicht nur einen Befehl, sondern ein oft ganz kompliziertes Durcheinander von solchen. Dafür hatte wiederum das Recht Vorsorge getroffen, daß Männer da waren, die den Befehl verstanden, die durch andere Befehle berufen waren, einzugreifen, die dafür sorgten, daß dem Befehle an das Kind für das Kind nachgekommen wurde. Geschieht das einmal nicht, dann werden, je nach Lage der Sache, jene anderen Befehle nicht befolgt sein, die sich an den Menschen richten, der hier Vormund usw. ist, und das wird seine Folgen haben. Niemand wird dem Kinde einen Vorwurf daraus machen, daß es dem Befehl nicht nachkommt, auch das Recht nicht. Das Kind steht dann seinem Gläubiger

[1]) Die Rechtswidrigkeit I S. 358.

gegenüber nicht anders da wie ein erwachsener Schuldner, wenn er dem Urteil nicht gehorcht, der auch für nichts aufzukommen hat, wenn die Nichtbefolgung auf Umständen beruht, die er nicht zu vertreten hat. Man kann die Imperativentheorie gar nicht unglücklicher verteidigen, als v. Ferneck es mit der Behauptung tut, daß sich der in der Sache wirkende Imperativ nicht gegen das Kind, sondern gegen den Vormund richte, daß man nicht von Pflichten des Kindes (im Sinne von Verpflichtungen) reden dürfe, daß es sich in Wahrheit vielmehr um Pflichten des Vormundes handle. Gewiß ist auch der Vormund verpflichtet. Er ist verpflichtet, die Schuld des Kindes zu zahlen, d. h. wenn soviel Geld des Kindes vorhanden ist. Sonst ist er nicht verpflichtet und das Kind wird doch Verzugszinsen schuldig. Aber diese Pflicht des Vormundes, mit dem Gelde des Kindes zu zahlen, besteht einerseits ganz und gar nicht gegenüber dem Gläubiger und setzt andererseits die Verpflichtung des Kindes und also den gegen das Kind gerichteten Befehl des Rechts voraus. Ohne diesen wäre der Vormund vielmehr verpflichtet, nicht zu zahlen.

Zu ähnlicher Unklarheit läßt Zitelmann sich durch das gleiche Bedenken verleiten.[1]) Es könne, meint er, der Befehl an ein Kind usw. nicht wahrer Befehl an dieses sein; der Begriff der Verpflichtung eines Willensunfähigen sei ein komplizierter, nur eine bequeme Abkürzung. Der besondere Befehl an ihn sei zunächst Befehl an eine willensfähige Person, die nach einer anderen Norm verpflichtet sei, ihn zu vertreten; diese allgemeine Vertretungspflicht werde durch den besonderen Befehl mit konkretem Inhalt erfüllt. Fast wörtlich so drückt sich auch Hold v. Ferneck aus (a. a. O. II S. 24). Aber es ist in jeder Beziehung unbefriedigend und unrichtig. Offenbar liegt es gerade umgekehrt. Der Begriff der Verpflichtung des Kindes ist gerade nicht „kompliziert", wie Zitelmann es meint, sondern in seiner Gegebenheit die Grundlage des Sachverhalts. Von einer inneren Komplikation kann überhaupt keine Rede sein. Es handelt sich um eine reine Addition. Der Tatbestand fungiert zugleich — aber nun nicht etwa im Verhältnis des Kindes oder des Vertreters des Kindes zum Gläubiger, sondern im Verhältnis des Vertreters des Kindes zum Kinde — als Tatbestand für einen hier sich auslösenden Imperativ. Diese beiden Imperative laufen schiedlich nebeneinander her, nur daß mit der Befolgung des einen auch die Befolgung des anderen gegeben ist. Und wenn Zitelmann zugibt, daß der besondere, d. h. der an das Kind ergehende Befehl den allgemeinen, den Vormund angehenden Vertretungs-

[1]) Internationales Privatrecht I S. 47.

befehl mit konkretem Inhalt erfüllt — was er, nebenbei gesagt, zwar tut, aber nicht ohne innere Wandlung, nämlich nicht mehr als konkreter Befehl zugunsten des Gläubigers, sondern als nur vorgestellter Befehl, als Begriffsmoment in dem Befehl zugunsten des Kindes —, so gibt er doch damit zugleich zu, daß ein solcher Befehl an das Kind existiert! Dem kann man nicht dadurch entgehen, daß man sagt, daß sei kein „wahrer" Befehl. Da müßte man uns erst sagen, was wir uns unter einem Befehl zu denken haben, der kein wahrer Befehl ist und doch auch kein Nicht-Befehl. Nein, die Befehle des Rechts sind alle wahre Befehle. Denn überhaupt quält das Recht sich nicht im geringsten darum, ob der einzelne seine Befehle hört, ob er überhaupt sie auch nur hören und verstehen kann. Fällt ein Ziegelstein von meinem Haus, oder beißt mein Hund einen Menschen, so entsteht der Ersatzanspruch gegen mich in dem Moment, wo das geschieht. In diesem Moment wird der entsprechende konkrete Imperativ des Rechts zur Wirklichkeit, gleichviel ob ich anwesend bin oder abwesend, ob ich gesund bin oder in Fieberdelirien liege. Freilich ist ausgeschlossen, daß ich gleich auch in demselben Augenblick zahle. Aber auch das sieht natürlich das Recht vor. Und bei der Regelung der Folgen einer Nichtbefolgung des Imperativs wird es differenzieren und hier, aber hier erst, wird dann auch beim Kinde zur Geltung kommen, daß es eben ein Kind ist. Man wird ihm keine Verzugszinsen auferlegen, wenn es keinen gesetzlichen Vertreter hatte, man wird es im entgegengesetzen Falle tun, weil die Unterlassung einem Manne zur Last fällt, dessen Tun und Lassen es zu vertreten hat. Aber immer ergeht auch dieser Imperativ, Verzugszinsen zu zahlen, wieder gegen das Kind, niemals gegen seinen Vertreter. Daß man einem Schwerkranken befiehlt, daran stößt sich niemand, daß man einem Wahnsinnigen befiehlt, darüber stolpern alle.

Man darf sich durch den Umstand nicht irre machen lassen, daß vielfach in unserem Nachdenken und Entschließen im gegebenen Fall nicht nur der *eine* Imperativ eine Rolle spielt, auf welchen unsere Überlegungen hinauswollen. Man muß zwei ganz verschiedene Fragen hier wohl unterscheiden. Das eine ist die Frage nach dem Tatbestand, nach der Voraussetzung des gesuchten Imperativs. Es gilt zu entscheiden, ob der Sachverhalt vorliegt, an welchen das Recht den in Anspruch genommenen Imperativ — den konkreten, ganz auf das einzelne, einmalige abgestellten Imperativ — knüpft. Das andere ist die Frage, die uns beschäftigt, nach der logischen und ontologischen Struktur des Rechts. Wenn das Strafgesetz in zahlreichen Fällen das Moment der Rechtswidrigkeit zur Voraussetzung der Strafbarkeit macht (einer besonderen Rechtswidrigkeit; von der allgemeinen Rechtswidrigkeit, die nach bekanntlich bestrittener Theorie Voraussetzung jeder Strafbarkeit sein soll, ist hier nicht die Rede), dann ist der Straffall, also der konkrete Imperativ (hier als Verbot), eben nur existent geworden, wenn Rechtswidrigkeit vorlag. Man darf diese letztere Frage nicht wieder davon abhängig machen wollen, ob der konkrete Befehl (das Verbot) vorlag. Damit dreht man sich im Kreise. Vielmehr liegt es hier nicht anders wie in dem oben berührten Fall, daß der Vormund (auf Schadensersatz) in Anspruch genommen wird, weil er eine Schuld des Kindes nicht rechtzeitig gezahlt hat. Um hier den konkreten Imperativ festzustellen, muß ich in Gedanken mich auch mit dem gegen das Kind gerichteten Imperativ beschäftigen. Nur wenn das Kind wirklich schuldete, war der Vormund verpflichtet, für die Zahlung zu sorgen. Dieser an das Kind gerichtete Befehl ist hier Tatbestandsmoment. Ebenso kann im Strafgesetz — vorausgesetzt, daß es fehlerfrei gefaßt ist — das (ausdrücklich gesetzte) Tatbestandsmoment der Rechtswidrigkeit nur danach festgestellt werden, ob andere Normen als dieser Paragraph des Strafgesetzbuchs dem Tun entgegenstanden. Gewiß ist diese Frage nach dem Tatbestande die bei weitem schwierigere und wichtigere. Sie macht ja gewissermaßen den ganzen Gehalt der Rechtswissenschaft aus. Dafür geht unsere Frage aber tiefer. Sie ist eine Frage der juristischen Erkenntnistheorie und von grundlegender Bedeutung.

Damit erscheinen mir diejenigen Einwendungen gegen die Imperativentheorie, die überhaupt in das Gewicht fallen könnten, erledigt.

III.

Im wissenschaftlichen Streit geht es bisweilen doch recht merkwürdig zu. Wenn man bedenkt, wieviel Angriffsfläche die Imperativentheorie in ihrer bisherigen Gestalt dem Gegner bietet, dann kann man verstehen, daß viele noch am Widerspruch festhalten. Dagegen sollte man meinen, daß für alle, welche ihr zustimmen, die Zwangsnatur der rechtlichen Imperative etwas selbstverständliches wäre. Denn darüber kann doch kein Streit sein, daß hinter diesen Imperativen als der Befehlende der Staat steht mit seiner Macht, und daß, wo nun der Staat sich entschließt, zu befehlen, er damit nicht einen Wunsch aussprechen will oder einen Rat erteilen oder eine Belehrung, die seinethalben auch unbefolgt bleiben könnten, daß es ihm vielmehr Ernst ist mit seinem Befehle, und daß es ihm übel anstehen würde, wenn er nicht rückhaltlos seine Macht und damit nötigenfalls den Zwang anwenden würde, um seinen Befehlen Gehorsam zu verschaffen. Statt dessen liegt es umgekehrt. Die Imperativentheorie, so unfertig und angreifbar sie ist, gewinnt immer mehr an Anhang, von der Zwangsnatur der Imperative wollen die wenigsten etwas wissen.

So vor allem Bierling. Aber seine Beweisführung versagt hier vollständig.

Ich schicke ein paar Selbstverständlichkeiten voraus. Es gibt Gebiete des menschlichen Daseins, wo mit Gewalt überhaupt nichts zu machen ist. Gesinnung, Gefühl, Denkkraft lassen sich nicht erzwingen. Wenn Eheleute zu spät erkennen, daß sie nicht zueinander passen, so kann man sie auch mit Gewalt nicht dazu bringen, miteinander glücklich zu leben oder auch nur erträglich. Befehlen kann man immer nur ein mehr oder weniger bestimmtes Tun oder Unterlassen, das obendrein, wenn es zum Zwange kommt, ein ganz bestimmtes Tun oder Unterlassen werden muß. Es ist das nicht immer ganz einfach. Aber das ist doch kein Grund, es nicht doch zu tun, so gut es eben geht. Es braucht nicht zur Anwendung physischer Gewalt zu kommen, wie wenn dem unrechtmäßigen Besitzer die Sache fortgenommen, der hartnäckige Mieter aus der Wohnung vor die Tür gesetzt wird. Auch die wirksame Drohung ist Gewalt, wenn hinter ihr die physische Macht steht, die entschlossen ist, einzugreifen, wenn Drohung allein nicht genügt. Natürlich ist dann der Verlauf der Dinge ein anderer, als wenn der Schuldner der Drohung gleich nachgegeben hätte. Zum mindesten muß er mehr zahlen, nämlich Verzugszinsen. Oder er bezahlt auch später nicht, nämlich wenn das nötige Geld nicht bei ihm vorgefunden wird und statt dessen der Gerichtsvollzieher ihm seine Sachen wegnimmt und zu Geld macht usw. Übertretungen von Verboten lassen sich allerdings nicht ungeschehen machen. Aber auch dem gegenüber ist man weit entfernt, machtlos zu sein. Man zwingt zur Wiedergutmachung, und wo es wegen der Bedeutung der Sache darauf ankommt, im voraus bestimmtem Tun oder Unterlassen, das man nach Lebenserfahrung gegenüber der menschlichen Natur befürchten muß, vorzubeugen, setzt man Strafe darauf und sorgt dafür, daß tunlichst sicher die Strafe der Übertretung auch auf dem Fuße folgt. In diesem Gedanken der Prävention liegt der einzige, zugleich allgemeine und ausreichende Grund der Strafverfolgung und des Strafrechts. Mit der berühmten Theorie Hegels, daß das Verbrechen Negation des Rechts und die Strafe die Negation dieser Negation sei, ist in Wahrheit gar nichts gesagt. Sie mag, wenn auch nicht gehaltvoll, so doch wenigstens richtig im Rahmen einer Philosophie sein, die der Negation eine so allgemeine Funktion, ihrem Begriff eine so vage Bedeutung zuschreibt, daß sogar eine Katze ihrer fähig ist, die die gefangene Maus dadurch negiert, daß sie sie auffrißt. So spekulativ gerichtet, mag man gern behaupten, daß der Verbrecher mit seiner Tat das Recht und dann wiederum der Staat mit der Strafe das Verbrechen negiert. Sachlich ist damit nichts gewonnen und die Frage, um die es sich handelt, die Frage, woher denn der Staat das Recht nimmt, in dieser Weise zu negieren, wird noch nicht einmal gestreift. — Die Vergeltungstheorie könnte nur gegenüber sittlich mehr oder weniger anstößigen Verfehlungen, also überhaupt keine allgemeine Rechtfertigung des Strafrechts abgeben, und auch so ist sie — soll sie mehr sein, als viele hinter ihr vermuten, mehr als versteckte Rache — ein viel zu erhabener ethischer Gedanke, als daß menschliche Rechtspflege in ihrer notwendigen Unvollkommenheit ihm gerecht werden könnte. Zudem setzt sie in dem Übertreter die innere Anerkennung der sittlichen Überordnung des Richtenden voraus, wofür mit dem Ende des patriarchalischen Staates die Voraussetzungen in der allgemeinen Mentalität der Bevölkerung mehr und mehr entschwinden. — Von höchster Bedeutung selbstverständlich ist es, Sorge dafür zu tragen, daß durch die Strafe der Verbrecher nicht gebessert, das ist reine Illusion, aber wenigstens nicht noch tiefer in das Verderben gestürzt wird. Aber das und ähnliches sind Fragen nach dem Wie, nicht nach dem Ob der Strafe und kann zur Rechtfertigung der Strafverfolgung nicht dienen. Indessen, wie dem auch sei, hier kommt es auf die logische Struktur, nämlich darauf an, daß auch die Imperative des Strafrechts Zwangsimperative sind, nicht darum weniger, weil hier der Staat mit seinen Machtmitteln zum positiven Eingreifen erst kommt, wenn es zu spät ist.

Bierling gruppiert seine Einwendungen gegen die Zwangstheorie unter drei Nummern.[1]) An erster Stelle vernimmt man die überraschende Behauptung, daß in dem Begriff der Zwangsnorm eine logischer Widerspruch liege. Wir hören da zunächst allerlei über Wesen und Grenzen des physischen und dann des psychischen Zwanges durch Bedrohung mit Gewalt, was wir übergehen können, weil es lediglich gegen eine Theorie gerichtet ist, die, soviel ich sehe, noch niemand aufgestellt hat. „Erzwingbarkeit" der Norm in dem Sinne, daß nur d a s Recht sei, was sich mit Sicherheit des Erfolges in jedem einzelnen Falle durch Gewalt oder Bedrohung mit

[1]) Zur Kritik der juristischen Grundbegriffe I S. 140 ff.

Gewalt erreichen lasse, behaupte ich wenigstens nicht. Aber auch da, wo Bierling auf die Theorie, so, wie sie gemeint ist, zu sprechen kommt, wonach das Kriterium die „Anwendbarkeit von Zwangsmitteln ist, um die Verpflichteten zur Befolgung zu bewegen", mißversteht er den Gegner. Er meint, denkbar sei eine Anwendung von Gewalt bei jeder Norm; die abstrakte Möglichkeit könne also nicht das entscheidende sein; noch weniger könne es auf die Möglichkeit des Zwanges im konkreten Falle ankommen, weil dann zweifelloseste Rechtsnormen abwechselnd bald als Recht, bald als Nicht-Recht betrachtet werden müßten (?); es bliebe die Ansicht, daß Rechtsnorm sei, bei der mangels freier Befolgung Anwendung von Zwangsmitteln stattfinden solle; aber wer entscheide denn über dieses Sollen; doch eben das Recht, während doch durch die Beantwortung jener Frage sich herausstellen solle, w a s Recht sei. Unverkennbar versteht hiernach Bierling die Zwangsimperativentheorie dahin, als wolle sie ein materiales Rechtsprinzip zum Ausdruck bringen, als wolle sie bestimmen, nicht was Recht ist, sondern was Recht sein soll und sein darf. Das ist ein ganz übles Mißverständnis. In dieser einfachen und klaren Frage dreht man und windet man sich und zu Verrenkungen kommt es selbst bei den ausgezeichnetsten Autoren. Wenn wir sagen, was Recht ist, so soll doch damit im geringsten nicht ein materiales Rechtsprinzip aufgestellt werden. Es handelt sich um die Form des Rechts, nicht um seinen jeweiligen Inhalt. Auch ist es selbstverständlich nicht Denkbarkeit des Zwanges, sondern Absicht und Tatsächlichkeit eines solchen, was die Theorie im Auge hat. Und wenn es richtig sein sollte, daß nach unserem Kriterium „Rechtsnormen" abwechselnd bald als Recht, bald als Nichtrecht betrachtet werden müssen, obwohl ich nicht recht verstehe, was damit gemeint ist, nun wohl, darauf will ja eben unsere Theorie hinaus, daß es ein Vorurteil ist, wenn solche Normen im gegebenen Zusammenhang für „zweifellose" Rechtsnormen, für Rechtsnormen (Imperative) überhaupt, erklärt werden.

Das zweite Argument Bierlings besteht in dem Nachweise, daß „für zahlreiche Normen unserer Staatsgesetze nach eben diesen Gesetzen Zwang teils gar nicht, teils nur in beschränktem Maße stattfindet". Das ist richtig. Damit trifft Bierling den schon behandelten schwachen Punkt der Imperativentheorie in ihrer bisherigen Form. Die Sätze und Gesetze, an die Bierling hierbei denkt, sind eben nicht die Imperative, welche das Recht ausmachen.

Und drittens wird in das Feld geführt, daß Strafvollstreckung und Exekution doch nur unvollkommen funktionieren, was richtig und zu bedauern ist, aber gegen den Begriff des Rechts nichts besagt. Die Strafe, so lautet es, sei in erster Linie nicht Mittel zu einem Zukünftigen, sondern Rechtsfolge des begangenen Unrechts, die Bedeutung der Strafdrohung als eines Zwangsmittels zum Rechthandeln stehe völlig im Hintergrund. Darüber kann man nun, wie gesagt, zweierlei Meinung sein. Aber mag die Strafdrohung im Hintergrunde stehen oder im Vordergrunde, jedenfalls steht sie da. Und das entscheidet. Ohne Strafdrohung keine Strafnorm. Die Exekution schaffe der Partei auch im günstigsten Falle nur ein Surrogat der Erfüllung. Daran läßt sich allerdings nichts ändern. Aber darum hört sie doch nicht auf, die in dem an den Schuldner ergangenen Befehl angedrohte Anwendung von Zwang und nötigenfalls Gewalt zu sein?

Sehr wertvoll erscheint mir, daß dagegen Stammler nicht ein Gegner, wie er selbst behauptet, sondern in Wahrheit ein Anhänger der Zwangstheorie ist. Das Leben eines Volkes bietet uns das Bild verschiedener Kulturgebiete, wie Religion, Kunst, Wissenschaft, Wirtschaft, Recht. Je nach dem Standpunkt der Betrachtung, den wir wählen, ist es immer ein Stück einer und derselben Wirklichkeit, die wir unter abstrahierender Fortlassung des jedesmal Überflüssigen als das Objekt der Betrachtung vor uns haben. Wenn Stammler nun den Gegenstand der Sozialwissenschaften, das Soziale, dadurch gewinnen will, daß er das Leben von dem Gesichtspunkt aus in das Auge faßt, daß es unter „äußerer Regelung" verläuft, so hat Max Weber das nach meiner Meinung überzeugend als unzulänglich nachgewiesen. Aber darin hat Stammler doch sicherlich recht, daß die Substanz „des Rechts" Wille ist, nicht der Wille des Individuums, des einzelnen für sich, sondern verbindender oder verbundener Wille zweier oder mehrerer. Nur in der näheren Ausführung des Gedankens kann man ihm wiederum nicht folgen. Das Gegebene ist nach ihm der Tatbestand, daß die Willen mehrerer sich dergestalt ineinander verschlingen, daß sie sich gegenseitig zum Mittel ihrer Zwecke bestimmen. Der eine setzt sich zum Mittel für seinen Zweck das Wollen des anderen, indem er zugleich mit seinem Wollen dem Zwecke des anderen dient. Schon in dem denkbar einfachsten Fall ergibt sich daraus der Tatbestand einer äußeren Regelung. Diese äußere Regelung ist verschiedener Art. Neben den Normen des Rechts bestehen einerseits solche der Ethik, andererseits solche der Konvention, und das Spezifische des Rechts ist, daß seine Normen selbstherrlich sein wollen, d. h. daß sie im Gegensatz zur Konvention dem einzelnen nicht die Wahl freilassen, ob er sich ihnen unterwerfen wolle, sondern von sich aus den Kreis der ihnen Unterworfenen bestimmen. Schon gegen die Deduktion des allgemeinen Begriffs des verbindenden und verbundenen Willens bestehen Bedenken. Fast schon zum Überdruß ist immer und immer betont worden, daß der einzelne in Wirklichkeit gar nicht existiert. Die Vorstellung des einzelnen ist nicht sowohl Abstraktion als vielmehr künstliche Isolierung aus dem Zusammenhang seiner Umgebung. Das Ursprüngliche, Letztgegebene ist die Gemeinschaft von Menschen. Was so von einem gilt, gilt auch von zweien, wenn man an zwei abgezählte Menschen dabei denkt, und Stammler verharrt bei dem an Kant getadelten, dem Naturrecht der Aufklärungszeit eigentümlichen rationalistischen, individualistischen Standpunkte, wenn er das Wesen der gesellschaftlichen Norm an der Erscheinung des Einzelvertrages zweier Menschen ableitet. Dabei schmeckt es nach Metaphysik, wenn er schon in dieser Einzelerscheinung neben dem verbindenden Willen einen verbundenen Willen dergestalt sieht, daß über dem nunmehr nicht verbindenden, sondern verbundenen Willen ein Wille steht, der eben jene Willen verbindet und bindet. Ich vermag hier wohl ein verbindendes und in diesem Sinn dann auch ein verbundenes Wollen zu sehen, auch ein bindendes, d. h. sich bindendes Wollen. Aber für ein bindendes Wollen, das über dem verbundenen Wollen beider steht und doch nicht außer ihnen ist, für ein verbindendes Wollen in diesem Sinne fehlt es doch an jedem Substrat. In Wahrheit besteht das Recht ausschließlich in einem „verbindenden Wollen", das über dem einzelnen steht, zu dem wir gelangen, nicht wenn wir zwei Menschen und ihren Einzelvertrag betrachten, sondern den Menschen überhaupt, d. h. alle Mitglieder einer Gemeinschaft, des Staates, zusammengenommen mit allem, was sie aufeinander anweist und aneinander bindet. Erst so erhalten wir den trotz aller zahlreichen Gegenströmungen und Mißklänge im Ergebnis zusammenstimmenden Akkord des Gesamtwillens, in dem das Ganze mehr oder weniger schön ausklingt und der der verbindende Gesamtwillen ist. Darauf wird noch zurückzukommen sein. Hier interessiert, wie Stammler die besondere Art der Rechtsnormen gegenüber den Konventionalregeln bestimmt. Er kann die Zwangsnatur des Rechts nicht gebrauchen, weil er zu dem Ergebnis strebt, daß auch der Staat nicht über, sondern unter dem verbindenden Wollen steht, was nur in einem bestimmten, aber anderen Sinn, als Stammler meint, richtig ist. Aber wenn er deshalb die Zwangsnatur dieses verbindenden Willens bestreitet, wenn er statt dessen die „Selbstherrlichkeit" desselben als das Kennzeichen aufstellt, die darin bestehe, daß das Recht von sich aus den Kreis derer bestimmt, die ihm unterworfen sind, so ist das nur ein anderer Ausdruck für dieselbe Sache. Gewiß sind alle Normen des Rechts, ist der Wille des Staates in diesem Sinn selbstherrlich. Offenbar ist der Begriff an der empirischen Erscheinung des Rechts durch Abstraktion gewonnen worden. Und wenn nun Stammler den Satz umkehrt, wenn er behauptet, daß alles, was selbstherrlich ist, Recht sei, so ist auch hiergegen garnichts einzuwenden, vorausgesetzt, daß bei dieser Umkehrung an dem Inhalt des Begriffes nichts verloren geht. Wenn wir an der Erscheinung des Rechts diese „Selbstherrlichkeit" beobachten, wenn wir sehen, daß das Recht von sich aus bestimmt, für wen es gelten will und gelten soll, so daß der einzelne nicht gefragt wird, ob er zustimmt oder nicht, so beruht das darauf, daß hinter dem Willen des Rechts auch die Macht des Staates steht, seinen Willen durchzusetzen, daß es ein Wille ist, der von diesem Machtgefühl und Machtbewußtsein getragen ist. Das ist ein ganz wesentliches Moment an der Erscheinung, das man ja auch in der Bezeichnung „selbstherrlich" zur Not mit ausgedrückt finden kann. Aber freilich ist in dieser Beziehung der Ausdruck nicht unzweideutig, und um so mehr muß darauf geachtet werden, daß dieses Moment bei jener Umkehrung des Satzes nicht unversehens unter den Tisch fällt. Sonst verliert der Begriff seine Unterscheidungskraft. Er hört auf, als die differentia specifica des Rechts brauchbar zu sein. Denn so verstanden, sind die Normen der Ethik, der Konvention genau ebenso selbstherrlich wie die des Rechts. Den Normen des Rechts kann der einzelne sich nur dadurch und nur für die Zukunft entziehen, daß er aus dem Staatsverband ausscheidet. Die Normen der Konvention gelten teils für alle, teils nur jeweils für bestimmte Schichten der Bevölkerung, für Stände, Klassen, Gesellschaftskreise. Auch ihnen kann der einzelne sich dadurch entziehen, daß er aus dem betreffenden Stande ausscheidet, wobei nur zu beachten ist, daß das nicht ein ganz voraussetzungsfreier Akt reiner Willkür ist. Der Beamte, der Offizier, der Kaufmann oder Handwerker, der aus seinem Stande austreten will, kann das nicht tun, ohne zugleich seine Stellung, seinen Beruf aufzugeben. Nach objektiven Momenten und „selbstherrlich" bestimmt die Gesellschaft über die Zugehörigkeit zum Stande und für ihn stellt sie ihre Regeln und ihre Anforderungen auf, ohne im geringsten den einzelnen zu fragen. Gegen alle Verstöße reagiert sie auf ihre Weise, mag nun der einzelne aus Unwissenheit und Ungeschick, mangelnder Erziehung oder aus Prinzip, aus innerem Widerspruch heraus handeln. Höchstens, daß ihr der absichtliche Verstoß, das Versagen der Anerkennung ihrer Regel nur um so verwerflicher erscheint. Allerdings, auch wenn er in seinem Stande verbleibt, hat der einzelne freie Hand, ihre Regeln nicht zu befolgen. Er kann gegen sie verstoßen. Aber darum hört diese doch nicht auf, zu gelten. Das sind doch zwei sehr verschiedene Dinge. Es ist ganz unbegreiflich, sieht das Stammler wirklich nicht oder will er es nicht sehen? Wenn ich — um auf eines seiner Beispiele einzugehen — eines Tages mich entschlösse, allen meinen Kollegen und Bekannten den Gruß durch Abnehmen des Hutes zu versagen, dann würde ich — vielleicht — erreichen, daß man auch mir den gleichen Gruß versagt. Aber damit wäre die Sache doch nicht abgetan. Man würde mich, sei es nun einen Grobian oder einen Dummkopf schelten, und schon das würde mir die Sache nicht wert sein. Aber damit wäre es natürlich nicht erledigt. In meiner ganzen dienstlichen und persönlichen Stellung würde ich Folgen zu spüren bekommen, die ganz außer Verhältnis zu meiner Grille ständen Kurz, es ist einfach ausgeschlossen, daß ich derartiges tue. Ach nein, die Gesellschaft ist weit entfernt, machtlos zu sein, und sie weiß im weitesten Umfange ihre oft recht beschwerlichen Anforderungen denn auch durchzusetzen. Nur eines kann sie nicht. Sie kann nicht mit Gewalt zwingen. Ihr steht keine Gewalt zur Verfügung, und wenn doch, dann dürfte sie sie nicht anwenden. Das ist der Unterschied vom Recht, das allein ist er. Will man um dieses einfachen und verständlichen Sachverhalts willen das Recht selbstherrlich nennen, so scheint mir das einerseits geschraubt und überflüssig zu sein, anderseits nicht ungefährlich. Muß es doch, wie schon gesagt, Stammler dazu dienen, den Widerspruch zu verdecken, daß er ausdrücklich die Zwangsnatur der Rechtsbefehle bestreitet und doch in der Sache überall nur mit dem richtigen Begriff operiert. Mir ist bei ihm keine Stelle aufgefallen, wo das nicht geschähe.

Dagegen hat nun wiederum Binder, Rechtsbegriff und Rechtsidee, sich nicht nur mit Worten, sondern auch in der Sache gegen die Zwangstheorie ausgesprochen. Man kann — allgemein gesprochen — die scharfsinnigen Ausführungen des auch in der Philosophie bewanderten Juristen nicht ohne reiche Belehrung und weitgehende Zustimmung lesen. Aber zu gegenwärtigem Punkt kann sein Widerspruch schon deshalb nichts bedeuten, weil ihm überhaupt die Bestimmung des Rechtsbegriffs vollständig mißlungen ist. Er stellt schon eine unrichtige Forderung an den Begriff, wenn er sagt, es gelte, „zu dem empirischen Stoff den konstitutiven Faktor, ein a priori gegebenes Moment, eine Kategorie heranzubringen.[1]) Daß gerade Binder das behauptet, der doch so trefflich den

[1]) a. a. O. S. 58 ff.

Nachweis führt, daß Stammlers juristische Kategorien durchaus nicht das, sondern hochgetriebene Abstraktionen von Erfahrungsstoff sind, ist auffallend. Wie auch immer wir hier zwischen Stoff und Form zu unterscheiden haben, Momente a priori, Kategorien stecken immer schon im Stoff und können in der differentia specifica nicht fehlen. Aber gerade ihnen fehlt jedes Sondergepräge und gerade sie sind nicht imstande, das artbildende Moment abzugeben. Aber das nur nebenbei. Wir müssen, sagt Binder, um die chaotische Wirklichkeit zu gestalten, wie überhaupt, so auch im Gebiete des Rechts an diese mit einer Kategorie als konstitutivem Faktor herantreten, und das könne kein anderer sein als die N o r m des Rechts, die wir als eine ursprüngliche Funktion des Bewußtseins in demselben Sinn erkennen müßten wie die ethische und ästhetische Norm; wie die letzteren dazu dienten, ein bestimmtes empirisches Gebiet als das des Sittlichen oder Schönen von anderen abzugrenzen, so diene die Norm des Rechts dazu, einen geschichtlich gegebenen Stoff als Recht zu bestimmen; sie sei die Kategorie, die es uns ermögliche, aus dem geschichtlich gegebenen Einzelnen zum Absoluten, Allgemeingültigen der Rechtsbetrachtung, zur Rechtswissenschaft zu gelangen. Also die Norm des Rechts. Wie läßt sie sich näher bestimmen? (S. 60.) Jedenfalls nicht als ein Wollen, sagt Binder ganz kurz, und geht großartig an der richtigen Tür vorbei. Aber auch nicht mit Kant als Inbegriff der Bedingungen, unter welchen die Willkür des einen mit der des anderen nach einem allgemeinen Gesetz der Freiheit vereinigt werden kann. Darin stecke doch immerhin noch Empirisches. Aber allerdings liege darin, daß alles Recht danach hinstrebe, seiner Norm zu entsprechen, mit anderen Worten „richtiges Recht" zu sein. Nur diese Richtung sei es, die etwas überhaupt zu Recht mache. So erscheine uns die Idee des Rechts als der formale, begriffbildende Faktor alles positiven Rechts und zugleich als die Norm für seine Bewertung. Das Recht sei zwar nicht mit seiner Idee identisch. Aber diese wirke doch in ihm. Eine Einrichtung werde dadurch zu einer rechtlichen, daß sie um dieser Idee willen bestehe. So seien wir also in der Lage, ohne Induktion und Abstraktion, ohne Ober- und Unterbegriffe den B e g r i f f d e s R e c h t s im positiven Sinn f e s t z u s t e l l e n.

Mir ist es nicht gelungen, aus diesen Erörterungen etwas anderes herauszulesen als das offene Geständnis der vollendeten Verlegenheit. Die Gedanken wirbeln nur so durcheinander. Sie sind nicht leicht zu stellen. Aber schließlich lese ich doch: das Spezifische des Rechts ist R e c h t s-norm; dessen Spezifisches ist, daß alles Recht strebt, richtiges Recht zu sein; das ist die Idee des Rechts, und wenn auch die Idee des Rechts etwas anderes ist als sein Begriff, so haben wir damit doch den Begriff festgestellt. Also die bestimmende Eigenart ist, daß das Recht in sich die Tendenz hat, richtiges Recht zu sein. Ich frage, will das denn die Physik nicht auch nämlich richtige Physik sein, und die Chemie und die Ethik? Gerade auch auf letztere würde doch das Gesagte Wort für Wort ebenso zutreffen. Und wo steckt denn nun das Spezifische des Rechts? Gibt es aber überhaupt ein Kulturgebiet, von dem das Gesagte nicht gilt? Ist nicht vielmehr gerade dem Recht hier in den positiven Rechtssätzen eine sehr wirksame, für viele überhaupt Bedenken erregende Schranke gezogen, die jene Gebiete, mit Ausnahme etwa der dogmatischen Religion, nicht kennen. Binder will den Begriff des Rechts bestimmen und kommt auch im Prädikat mit keiner seiner Wendungen los von diesem Begriff. Eine Gleichung ist nicht gelöst, ehe nicht die Unbekannte ausschließlich auf die e i n e Seite gebracht ist. Man kann sich nicht leicht eine durchsichtigere Definition per idem vorstellen.

Ich darf nicht verschweigen, daß Binder an einer anderen Stelle erklärt, es sei nicht seine Absicht, zu versuchen, den Begriff des Rechts mit erschöpfender Genauigkeit zu bestimmen, ein Unternehmen, das über den Rahmen einer in der Hauptsache kritischen Abhandlung hinausgehen würde. Aber angesichts eines über dreihundert Seiten starken Buches, das den Titel Rechtsbegriff und Rechtsidee führt, kann man die Berechtigung dieser Selbstbeschränkung nicht anerkennen. Und alle diese unendlichen und schließlich doch resignierenden Bemühungen nur um das Gesuchte nicht da zu finden, wo jeder es sehen und mit Händen greifen kann.

Übrigens ist Binder früher anderer Meinung gewesen. In seinem Problem der juristischen Persönlichkeit S. 38 Anm. 1 sagt er, daß auch ihm der Zwang mit zum Wesen des Rechts gehöre, und daß speziell das subjektive Privatrecht seine Grundlage in dem staatlichen Rechtszwang finde und ohne ihn nicht denkbar (sic) sei. Wenn er meint, das einschränken zu müssen mit der Bemerkung, man müsse sich davor hüten, zu glauben, daß das Recht ein absoluter Begriff sei, der infolgedessen einen absoluten Zwangsbegriff voraussetze, vielmehr sei das Recht ebenso eine relative Größe wie die Macht, zu zwingen, auf der sie beruhe, und damit hänge sowohl die Relativität alles Staatsrechts wie auch und vor allem des Völkerrechts zusammen, so verkennt nun auch Binder hier den Unterschied zwischen konkret und abstrakt. Daß in der W i r k l i c h k e i t hinter den Sätzen des Völkerrechts und, wie Binder meint, auch des Staatsrechts nicht immer die Macht vorhanden oder imstande ist, dem Befehl Gehorsam zu erzwingen, steht damit nicht in Widerspruch, daß begrifflich das Recht Zwangsbefehl ist, und wenn sich die Befehle des Völkerrechts nicht immer durchsetzen, so liegt das daran, daß in Wirklichkeit die hinter ihnen stehende Macht vorerst nur kümmerlich organisiert ist. Daher denn auch der Zweifel, ob die Sätze des Völkerrechts und inwiefern sie wirklich gelten, ob sie sind, ein Zweifel, der nur auftreten kann, weil ihrem Sinne nach die Sätze Zwangsbefehle bedeuten!

Auch Somló, Juristische Grundlehre, bekennt sich — mit einer Einschränkung, die hier ohne Bedeutung ist — zur Imperativentheorie und lehnt gleichwohl den Zwang als begriffswesentlich ab. Er meint, wenn ein einzelner oder mehrere die Mißachtung einer von ihnen gesetzten Norm mit Strafe bedrohten, deren Verwirklichung physischen Zwang erheische, und diese im Falle der Mißachtung auch tatsächlich verwirklichten, so liege deshalb noch keine Rechtsnorm vor; ein gewalttätiger Mensch oder eine Räuberbande möge eine solche Anordnung durchsetzen; damit sei aber noch keine Rechtsnorm geschaffen. Das ist richtig. In einem solchen Falle haben wir weder nach der unrichtigen Begriffsbestimmung Somlós[1]) noch nach dem richtigen Begriff des Rechts eine Rechtsnorm vor uns. Aber wenn ich behaupte, daß jeder Rechtsbefehl Zwangsbefehl ist, so ist damit nicht zugleich behauptet, daß jeder Zwangsbefehl Rechtsbefehl sei. Das sind doch zwei verschiedene Dinge! Das zweite Argument Somlós ist ein alter Bekannter. Es ist der frustra excussus und der Verbrecher, der sich der Entdeckung und der Strafverfolgung entzieht. Darüber braucht nichts mehr gesagt zu werden. — Was die Pflichten des Staatsoberhauptes in einer Monarchie angeht, so habe ich mehr als einen Prozeß gegen das Kronfideikommiß erlebt, von denen auch einige dazu führten, daß der hohe Beklagte verurteilt wurde, mit anderen Worten, daß ihm unter der Androhung der Exekution befohlen wurde, zu zahlen. Die Straffreiheit des Inhabers der Krone beruht auf den Inhalt des Rechts und hat mit seinem Wesen nichts zu tun. Es ist nicht der einzige Fall von Straffreiheit. Wenn im Gesetz für bestimmte Fälle vorgeschrieben ist, daß trotz begangener Tat die Strafnorm nicht in Anwendung kommen soll, so ist das nichts anderes, wie wenn im bürgerlichen Recht beispielsweise bestimmt wird, daß, falls seit Begründung einer Schuld zwei Jahre verstrichen sind, wegen Verjährung der aus dem Tatbestand sich ergebende Imperativ nicht erlassen werden soll. Was in aller Welt folgt daraus gegen die Zwangsnatur der Befehle, die ergehen sollen und ergehen? Und endlich setzen

[1]) Über das Verfehlte seiner Begriffsbestimmung des Rechts s. oben S. 24 Anm.

auch die staatsrechtlichen Pflichten des Monarchen, des Präsidenten, z. B. die Verpflichtung, ein beschlossenes Gesetz zu sanktionieren, die Zwangstheorie noch nicht in Verlegenheit. Man soll doch nicht meinen, damit etwas bewiesen zu haben, daß man diese Pflichten Rechtspflichten nennt. Das ist doch gerade die Frage, ob solche Zwischengebilde wirkliche Rechtspflichten sind und nicht vielmehr rein politische, politisch-ethische Pflichten.

IV.

Wir kommen hier auf den Kern unserer Frage. Unverkennbar hängt diese auffällige Erscheinung, daß man an einer so schlecht verteidigten Position so hartnäckig festhält, mit einem Gefühlsmoment zusammen, das sich hier stärker erweist als die Logik. Man macht sich eine Vorstellung von der Würde des Rechts und findet dann, daß eine reine Zwangseinrichtung zu sein mit dieser Würde unvereinbar wäre. Das wäre, selbst wenn es an sich richtig wäre, nicht entscheidend. Aber es ist auch nicht richtig. Mit unserer Begriffsbestimmung des Rechts ist über den Gehalt des Rechts, über dessen sachliche Bedeutung, seinen Anspruch auf Wertschätzung nichts gesagt. Wohl aber würde es umgekehrt der Würde des Staates schlecht anstehen, wenn er nicht ausnahmslos bei jedem Gebot oder Verbot, das er doch nicht aus Übermut erläßt, sondern aus dringender sachlicher Veranlassung, nötigenfalls sollte schließlich auch die Gewalt anwenden dürfen, die ihm doch nun einmal zur Verfügung steht. Dazu kommt, daß das doch niemand bestreiten kann, daß es jedenfalls eine Anzahl von Rechtsgeboten gibt, die der Staat entschlosen ist, nötigenfalls mit Gewalt zu erzwingen, und wenn nun die, wenn man so will, brutale Erzwingbarkeit dieser Gebote, die doch gewiß nicht die unwichtigeren sind, der Würde des Rechts keinen Abbruch tut, wie sollte dann die Erzwingbarkeit des Restes mit dieser Würde unvereinbar sein?

Oder ist etwa die Meinung, daß zwar die Tendenz, sich nötigenfalls mit Gewalt durchzusetzen, jedem rechtlichen Imperativ beiwohnt, daß das aber nur ein äußerliches, im logischen Sinn zufälliges, kein das Wesen der Sache bestimmendes oder mitbestimmendes Moment sei? In der Tat sieht es fast so aus, als erblicke man in der Gewalt eine zwar getreue, aber nicht recht standesgemäße Begleiterin des Rechts, deren dieses sich eigentlich etwas zu schämen hätte. Man meint, hier das Recht zu sehen und dort die Gewalt, und damit tritt dann das Problem in die Erscheinung, wie sich das eine zu dem anderen verhält. Darüber ist man natürlich einig, daß im geordneten Staat Gewalt nicht vor Recht gehen darf. Aber weniger klar ist schon, wie es eigentlich kommt, daß es im geordneten Staate so ist. Vor allem aber sucht man nach einer Rechtfertigung dafür, daß das Recht zum Mittel des Zwanges greift. Ist das nicht eben Gewalttätigkeit, Unrecht, Widerspruch mit sich selbst?

Vor allem hat Stammler sich diese Rechtfertigung angelegen sein lassen, nach meiner Auffassung ohne Erfolg. Er will den Anarchismus widerlegen.

Zuvörderst will ich darauf hinweisen, daß Stammler auch in diesem Zusammenhang ohne Einschränkung den Standpunkt einnimmt, daß, was das Recht von den Regeln der Konvention unterscheidet, eben dieses ist, daß hinter seinen Geboten die Drohung mit der gewaltsamen Durchführung und diese Durchführung selbst steht. Freilich, dabei bleibt Sammler auch hier, daß dieses die differentia specifica nicht sei. Viel vermag er für letzteres nicht anzuführen. Aber so wenig es ist, so unrichtig ist es. (Wirtschaft und Recht, 3. Auflage S. 122 f.) Daß das Recht gewalttätig gebrochen werden kann, ist nicht zu bestreiten, beweist aber nur, daß der Staat nicht allmächtig ist und daß, auch soweit mit Gewalt etwas auszurichten ist, seine Macht zuweilen nicht zum Ziel gelangt. Mit dem Begriff des Rechts hat das nichts zu tun. Niemand wird am Begriff eines Fernrohrs mäkeln, weil es bei sehr großen Entfernungen oder im Dunkeln versagt. Wenn der Minister einen unabsetzbaren Beamten absetzt, wenn einem Privatmann Eigentum gegen Recht und Gesetz entzogen wird, wenn ein Machthaber seinen Feind widerrechtlich einkerkern läßt, so sind das eben Rechtsverletzungen, wie solche, wenn auch nicht immer so schlimm, täglich sich ereignen, und wenn derartiges in einem, wie Stammler selbst sagt, verrotteten Staatswesen ungesühnt vorkommt, so beweist das nur, daß dort das Gesetz mit seinem Gewaltanspruch nicht durchdringt, nicht, daß es seinem Begriffe nach diesen Gewaltanspruch nicht erhöbe. — Der flüchtige Verbrecher und der frustra excussus stehen nicht auf einer Linie. Das Recht hat gar nicht die Absicht, dem Gläubiger die Zahlungsfähigkeit seines Schuldners zu gewährleisten. Die Schuldhaft ist abgeschafft, ja darüber hinaus ist dem Gläubiger verboten, bei der Pfändung eine gewisse Grenze zu überschreiten. Das Gesetz geht hier nicht weiter, nicht weil es das nicht kann, sondern weil es das nicht will, ebenso wie es niemanden zwingt, 1000 Mark zu zahlen, der nach den einschlägigen Normen nur 900 Mark schuldet. Und daß nicht alle Verbrechen und Verbrecher entdeckt werden, sagt ebenfalls nichts. Richtig bleibt, daß sie alle verfolgt werden, soweit man von ihnen erfährt. Es ist, sagt Stammler selbst, für den Begriff des Rechts gleichgültig. Nun, von dem Begriff ist doch die Rede?

Was nun aber Stammlers Rechtfertigung der Gewaltanwendung betrifft, so laufen die weit ausholenden ausführlichen Erörterungen im Grunde auf nichts anderes hinaus als auf den kurzen, für jeden Verständigen gewiß einleuchtenden, aber doch rein empirischen Satz: Es geht eben nicht anders. Das Beweisthema wird scharf herausgestellt (S. 515 a. a. O.): „Es ist der Rechtszwang als solcher, diese besondere (sic) Eigenschaft der rechtlichen Ordnungen, die in ihrer formalen Notwendigkeit aufgezeigt werden muß, oder aber es ist, wenn das nicht gelingt, alles Recht gleich verwerflich und wir müssen von aller rechtlichen Bindung ohne Ausnahme Abstand nehmen.“ Es wird zugegeben, daß es an sich nicht undenkbar sei, daß eine menschliche Gemeinschaft sich ausschließlich nach Konventionalregeln einrichte und lebe. Gesetzmäßig sei (S. 533) ein soziales Leben dann, wenn seine Regelung unter dem obersten einheitlichen Gesichtspunkte für alles gesellschaftliche Dasein von Menschen vorgenommen werde, und die Frage sei, ob dem rechtlichen Wollen nach seiner begrifflichen Eigenart ein allgemeiner Vorzug vor den übrigen Klassen der sozialen Normen, insbesondere der konventionalen Regelung, zukomme; das sei zu bejahen; die rechtliche Regelung allein ergreife das soziale Leben in bleibender Weise, die Konvention nur von Fall zu Fall; zudem bedinge das Moment der Gesetzmäßigkeit die Art formaler Regelungen, die nach formaler Qualität die Möglichkeit biete, das soziale Zusammenwirken ohne alle Rücksicht auf empirische Besonderheiten der Personen und des Materials zu normieren; eine Konventionalgemeinschaft sei nur durchführbar, wenn alle Beteiligten ausnahmslos die entsprechenden Fähigkeiten besäßen; es erfordere das besonders qualifizierte Menschen. „Wenn“, so heißt es wörtlich (S. 534), „eine beliebige soziale Gemeinschaft bezüglich ihrer formalen Regelung gesetzmäßig sein soll, so darf sie nicht in einer derartigen Form sich konstituieren, die nicht auch alle anderen überhaupt nur denkbaren Vereinigungen, eben als Form, notwendig schon umfaßt; sie darf mit anderen Worten in der Absicht, die von besonderer Einzelerfahrung nicht bedingte Gesetzmäßigkeit des sozialen Lebens zu verfolgen, nicht ein formales Mittel zu ihrem Konstituenten wählen, welches einen empirisch bedingten Charakter trägt und seinem ganzen Wesen nach nicht eine allgemeingültige und unbedingte Anwendung unvermeidlich mit sich führt“, was eben die Konventionalregeln tun. Ganz anders die Rechtsregel. Sie unterwerfe alle ohne Unterschied der Person; der Zwangsbefehl umfasse seinem wesentlich bedingenden Gedanken nach alle nur denkbaren menschlichen Vereinigungen, und darin liege sein Recht begründet; die ausschließliche Anwendung von Konventionalgemeinschaft könne den Gedanken einer letzten und allgemeingültigen Einheit für alle möglichen Menschengruppen nicht festhalten, und da es weitere Möglichkeiten sozialer Regelungen nicht gebe, sei der Rechtszwang als Mittel zur Gesetzmäßigkeit des sozialen Lebens unentbehrlich und allgemeingültig formal gerechtfertigt. Das Recht ist das notwendige Mittel zu einer allgemeingültigen Gesetzmäßigkeit des sozialen Lebens der Menschen.

Das ist doch nicht beweisend. Zunächst weise ich noch einmal darauf hin, daß diese ganzen Ausführungen nur dann überhaupt einen Sinn haben, wenn man unter Normen des Rechts Normen versteht, deren Befolgung durch eine dahinterstehende Gewalt erzwungen werden will. So drängt sich dem Verfasser nicht etwa beiläufig einmal, sondern an einer Stelle, wo es gilt, das innerste Wesen der Sache zu bestimmen, unwiderstehlich der richtige Begriff auf, den er grundläzlich glaubt ablehnen zu müssen. Indessen würde das seiner hier verfolgten Absicht nur zugute kommen, wenn es ihm im übrigen gelungen wäre, etwas zu beweisen. Soviel ich sehe, gibt Stammler zu, daß es nicht nur abstrakt nicht denkunmöglich, sondern auch tatsächlich denkbar wäre, daß eine in sich geschlossene Gemeinschaft, ein ganzes Volk in der Form einer Konventionalgesellschaft lebte. Aber dann ist doch die Ordnung der Begriffe nicht die, daß an oberster Stelle die Rechtsgemeinschaft steht, unter welcher die Konventionalgesellschaft als eine Unterart figuriert. Vielmehr stünden die Begriffe als Arten des Oberbegriffs Gemeinschaft nebeneinander. Ich vermag nicht einzusehen, wieso eine dazu geeignete Gemeinschaft sich deshalb sollte nicht als Konventional-, sondern als Rechtsgemeinschaft konstituieren müssen, weil andere Gemeinschaften dazu nicht geeignet sind. Es erinnert das an den fanatischen Abstinenzler, der von mir verlangt, daß ich keinen Alkohol trinke, weil er ihn nicht vertragen kann. Oder ist vielleicht gemeint, daß die reine Konventionalgesellschaft nicht „gesetzmäßig" sei und damit überhaupt keine geregelte? Aber warum denn nicht? Tatsächlich wird allerdings nach meiner Überzeugung eine solche Gemeinschaft schon in dem Moment zerfallen sein, wo sie in das Leben tritt. Aber warum sollte es nicht ebensogut oder ebensoschlecht ein einheitliches und geschlossenes System von Konventionalregeln geben, wie wir vom Recht ein solches System wenn nicht haben, so doch unausgesetzt bemüht sind, zu schaffen. In Wahrheit gibt Stammler von seinem Standpunkt aus mit jenem Zugeständnis, daß Konventionalgemeinschaft denkbar sei, seine Sache preis. Wohlan, erwidert ihm der Anarchist, so laß es uns versuchen, probieren geht über studieren. Überhaupt aber und vor allem läßt sich aus dem Begriff des Rechts, aus einem gleichviel wie gefaßten Begriff einer „gesetzmäßigen Gesellschaft" die Berechtigung seiner Existenz nicht ableiten. Richtig ist freilich — für meinen Standpunkt, den ich gleich entwickeln werde —, daß, wer das Recht will, auch die Gewalt wollen muß, daß, wer das eine anerkennt, auch das andere anerkennen muß. Aber darum will ja der Anarchismus eben auch das Recht abschaffen.

Auch Breuer (Der Rechtsbegriff auf Grundlage der Stammlerschen Sozialphilosophie, Kantstudien, Ergänzungsheft 27) ist von der Beweisführung Stammlers nicht befriedigt, die er durch eine andere zu ersetzen sucht. Er geht auf Kant zurück: Handle frei, d. h. handle so, wie du wollen kannst, daß nach deiner Maxime alle handeln, und leitet daraus die Geltung einer überindividuellen Ethik ab. Diese Gesetze, sagt er, umschließen mit Notwendigkeit alle vernünftigen Wesen zu einer Gemeinschaft mit ihresgleichen, die von allgemeingültigen Regeln äußeren Verhaltens beherrscht ist; es gebe also soziale Regeln von formaler Allgemeingültigkeit und Notwendigkeit; nicht insofern Menschen empirisch unter Regeln stehen, sondern weil sie nach dem Sittengesetz unter Regeln stehen sollen, darum sind sie soziale Wesen; der einzelne in seinem ethischen Bewußtsein konstituiert sich die Gemeinschaft; sein autonomer Wille ist ihm Gesetzgeber, und weil er sich selbst der Regel unterwirft, fordert er dasselbe von allen anderen; das notwendige (sittliche gebotene?) Bewußtsein gemeinsamer Pflicht begründet den Begriff des sozialen Lebens; der freie Wille, wie er in jedem einzelnen wohnt, gebietet ihnen allen, sich als unter gemeinsamen Regeln stehend zu betrachten, und so sei für die Sozialphilosophie das soziale Leben kein empirischer Begriff, kein Produkt menschlicher Willkür, sondern eine ethische Anschauungsweise; diese Gemeinschaft sei berufen, die Natur zu überwinden, nicht dem einzelnen zunutzen sondern der nimmer sterbenden, nie verarmenden Gesamtheit; der Mensch sei von Natur der Kausalität unterworfen und als empirisches Wesen widerstrebe er der Sittlichkeit; als vernünftiges Wesen sei er autonom; das intelligible Ich müsse in freier sittlicher Tat das empirische Ich bezwingen, und so sei der Mensch Gesetzgeber und Unterworfener zugleich; diese Tat des freien Willens fordere der einzelne aber nicht nur von sich, sondern auch von den anderen, sie ständen ihm alle unter denselben Normen, und *wie er selbst sie seinem empirischen Ich gegenüber mit Zwang verwirkliche, so wolle er sie auch von der Gesamtheit, als das Reich der Zwecke bildend*, im Reiche der Natur *mit Zwang durchgesetzt sehen*; dem ethischen Bewußtsein erscheine die Menschengesamtheit als unter Regeln stehend, die mit absoluter Autorität Erfüllung heischten.

Daran mag vieles richtig sein. Aber was den hier in Rede stehenden Punkt angeht, hält es der Kritik nicht stand. Ich will mit Breuer über den Wert der Kantschen Formel nicht streiten. Nach meinem Verständnis ist sie überhaupt kein materiales Prinzip und für die Grundlage auch nur der geringsten sachlichen Ableitung ungeeignet, eine Gleichung mit zwei Unbekannten. Aber ganz abgesehen hiervon ist die Beweisführung Breuers ungewöhnlich schwach und reicht entfernt an Stammler nicht heran, den er korrigieren will. Sie beruht auf einer handgreiflichen quaternio terminorum. Der innere ethische Zwang oder Drang des intelligibeln Ichs gegen sich selbst ist doch etwas ganz anderes wie der von außen kommende Zwang mit Gewalt, der dem Rechte eignet, ist in gewissem Sinne gerade das Gegenteil davon, und es ist ein gewaltiger, dabei mit keinem Wort begründeter Sprung, der hier gemacht wird. Außerdem beweist Breuer zuviel. Es bleibt ganz unaufgeklärt, weshalb denn nur die rechtlichen Normen und nicht vor allem gerade die sittlichen mit Zwang durchgeführt werden. Erst wenn man das — unbewiesene — Ergebnis Stammlers hinzunähme, wenn es ausgemacht wäre, daß eine andere als „rechtlich" geordnete Gemeinschaft unmöglich sei, kämen wir auf eine aus ethischem Gesichtspunkt abgeleitete Rechtfertigung des Zwanges.

Es ist wieder der Fehler. Breuer nimmt seinen Standpunkt zu hoch. Die Sache wird einfacher und einleuchtend, wenn man näher herantritt. Dann zeigt sich, daß es gar keinen Sinn hat, vom Recht zu verlangen, daß es sich wegen der Anwendung von Gewalt rechtfertige. Wir müssen uns auf den Boden der Wirklichkeit als den der letzten Gegebenheiten stellen. Eine dieser letzten Gegebenheiten ist die, daß die Menschen an Stärke ungleich sind. Der eine — so ist es nun einmal — ist stärker als der andere, und von dreien sind immer zwei stärker als der Dritte, und so geht es weiter, und schließlich sind alle zusammengenommen stärker als jeder einzelne nicht nur, sondern auch stärker als jede Gruppierung von einzelnen innerhalb des Ganzen, wenn es zusammengefaßt ist. So herrscht Gewalt unter den Menschen. Daran ist einfach nicht zu rütteln. Das ist auch durchaus nicht schlechthin vom Übel. Zu vielen Dingen ist es nur nützlich und notwendig, und es bedarf nicht vielen Nachsinnens, um einzusehen, daß gerade in diesen Spannungen das Leben liegt. Wären hier einmal alle Unterschiede ausgeglichen, so würde es mit dem Leben zu Ende sein, wie es mit dem Leben der Natur zu Ende sein wird, wenn es dazu kommen sollte, daß in der Materie alle Wärmeunterschiede ausgeglichen sind. Muß also Gewalt herrschen, so kann es nur darauf ankommen, wie sie herrscht. Alles kommt darauf an, daß sie von der Vernunft, von Sittlichkeit, vom sittlichen Ernst sich leiten läßt. Da es aber gegen Gewalt keine höhere Instanz gibt als wiederum nur Gewalt, größere Gewalt, die letzte Instanz mithin in der zusammengefaßten Gewalt aller liegt, so ist das Ziel der Menschheit, daß diese höchste Gewalt sich konstituiert und sich von der Vernunft, der Sittlichkeit leiten läßt. Das sind die zwei Aufgaben, die sich ineinander verschlingen. Es muß gelingen, die Kräfte aller in eins zusammenzufassen, und es muß gelingen, daß die dadurch gebildete Kraft vernünftig waltet. Wo immer in einer Gruppe von Menschen diese Zusammenfassung in einiger Konstanz zustande kommt, haben wir im Keime, was in größeren Zusammenhängen und festerer Ordnung schließlich der Staat ist. Natürlich ist diese Zusammenfassung zur Macht nicht der einzige, vielleicht auch gar kein bewußter Zweck der Vereinigung. Es sind viele Bedürfnisse, durch welche die Menschen, man kann nicht einmal sagen, zusammengeführt werden, die vielmehr vermutlich schon von Anfang an nicht getrennt gewesen sind und ohne das nicht leben können. Aber was immer auch sie zusammenschließt, immer liegt darin zugleich auch, wenigstens der Möglichkeit nach, diese Bildung der Macht, der Übermacht, die stärker ist selbstverständlich als jeder einzelne, die aber auch, wenn nicht tatsächlich, so doch der Idee und der Aufgabe nach stärker ist als jede denkbare Gruppierung innerhalb des Ganzen. In keinem Stadium, auch nicht in dem Stadium voller Entwickelung, dürfen wir uns den „Staat" als ein Fertiges, Gewordenes vorstellen, sondern als ein Seiendes, d. h. Werdendes, im Flusse Befindliches und wenn Gewordenes immer wieder in Frage Gestelltes, immer von neuem Aufgegebenes.

Daran arbeiten — bewußt und unbewußt — in den Millionen des Staates die allerverschiedensten, durcheinander und vielfach gegeneinander gehenden Bedürfnisse, Wünsche, Leidenschaften und Kräfte. Und wenn daher dieses Spiel der Kräfte ein Moment nicht nur des Zusammenschlusses, sondern zugleich auch wieder der Zersetzung enthält, so ist doch gerade das uns interessierende Gebiet, die Machtentfaltung, den Tendenzen der Zersetzung am wenigsten ausgesetzt. Denn nicht gegen die Staatsgewalt als solche richten sich die Strebungen der Parteien, vielmehr dreht der Kampf sich um den Einfluß auf den Weg, den sie einschlagen soll. Natürlich sind auch in diesem Kampfe die Kämpfenden, die Gruppen, Parteien, verschieden an Kräften, und je nach diesem Kräftemaß wird die eine oder die andere, werden die siegenden Gruppen die Hand am Ruder des Staates haben. Aber darum ist es noch nicht mit der zusammengefaßten Macht des Ganzen am Ende. Dadurch wird noch nicht die Macht der Gruppe zur Macht des Ganzen, die sie eben nur verwaltet. Erst wenn die Parteien ihrerseits zur Anwendung von Gewalt gegeneinander greifen, erst mit der Revolution wird diese Zusammenfassung der Gesamtheit in Frage gestellt, und erst wenn der Staat schließlich zerfällt, ist es auch mit der Staatsgewalt zu Ende oder auch umgekehrt. Es ist beides dasselbe.

Verwalten der Gewalt ist Funktion des Staates, und daß das mit Vernunft geschieht, ist die zweite der erwähnten Aufgaben und ist das Recht. Dabei ergänzen sich gegenseitig und kompensieren sich diese beiden Aufgaben. Denkt man sich in einem ganz schematischem Bilde den Kampf der Parteien im Staate wie ein Spiel physikalischer Kräfte mit- und gegeneinander, so ergibt einerseits die Diagonale im Parallelogramm dieser Kräfte das Ziel, wohin der Weg geht, aber andererseits gruppieren sich auch wieder wechselnd diese Kräfte je nach dem Ziel, um das es sich handelt. Dabei aber bleibt es, keine höhere Macht steht mehr über dieser Macht des Staates und keine höhere Instanz als die Normen der Sittlichkeit. Gegenstand aber dieses Verwaltens der Macht ist (der Möglichkeit nach) das gesamte soziale Leben, soweit überhaupt mit Gewalt weiterzukommen ist, und inhaltlich richtet sich, was der Staat tut, ganz nach der Natur des jeweiligen Gegenstandes, bei dem er mit Gewalt einzugreifen, unter Androhung von Gewalt vorzuschreiben, zu befehlen Veranlassung hat. Diese Befehle und nur diese Befehle im Sinne des nötigenfalls mit Gewalt Durchzuführenden sind die Normen des Rechts. Die Aufgabe, die damit dem Staat erwächst, ist unendlich und nicht nur der Zeit nach, sondern auch sachlich im Grunde unvollendbar, dem Vollkommenen immer nur zustrebend, es nie erreichend. Denn der Gegenstand der Aufgabe ist das vielgestaltete soziale Leben. Ihm Sicherung, Regelung, unter Umständen auch Richtung zu geben, dazu gilt es, das Leben zu verstehen. Nicht im ganzen. Das würde voraussetzen, daß wir sein letztes Ziel kennen, das zu bestimmen bisher noch keiner Philosophie gelungen und offenbar auch gar nicht möglich ist. Aber bescheidet man sich, verlangt man nicht gleich das Letzte, Höchste, das In-sich-Vollendete, beginnt man vielmehr am anderen Ende und faßt man hier das Leben an, stellt man sich auf den Boden der gegebenen Verhältnisse und greift man nicht gleich alles zusammen an, so kann man das einzelne und einzelnste doch ganz gut verstehen. So genommen, ist die Aufgabe nicht so schwer. Jedenfalls muß sie gezwungenerweise in Angriff genommen werden und ist denn auch ständig in der Arbeit. Alle Wissenschaften sind hier am Werke, die Naturwissenschaften, die uns sagen, wie wir mit der uns umgebenden Sachenwelt umzugehen, was wir von ihr zu hoffen und zu erreichen haben, wie wir die Natur des Menschen erfassen, die Ethik, Ästhetik, die uns den Wert der ideellen Güter zu verstehen, sie zu gestalten lehren, die Wirtschafts- und Volkswirtschaftslehre, die den Zusammenhang und die Tendenzen des Verkehrs zu begreifen suchen, und alles das zusammengenommen die Soziologie. Erst wenn wir so das Material bereitet haben, tritt die Rechtswissenschaft an dieses nun mit keiner anderen Aufgabe mehr heran als diese, zu bestimmen, in welcher Richtung und in welchem Umfange der Gang dieses Räderwerkes durch Eingreifen mittels erzwingbarer Befehle gesichert werden soll. Wie kann man, wenn man so sieht, wie in Wahrheit die Dinge liegen, mit dem Einwand kommen, daß damit das Recht zu einer reinen Zwangs- und Polizeifunktion herabgewürdigt werde? So kann nur sprechen, wer ideologisch befangen nur die eine ganz abstrakte Seite der Sache sieht. Es gilt doch nicht befehlen, sondern e t w a s befehlen. Dieses Etwas zu bestimmen, ist wahrlich keine kleine, sondern eine hohe, des Schweißes der Besten würdige Aufgabe, deren sittliches Pathos gerade dadurch gesteigert wird, daß sie sich der Verantwortlichkeit bewußt sein muß, die darin liegt, daß sie Anwendung von Gewalt ist. Das Recht ist nicht insofern ein Kulturgut, als es etwas in sich selbst Bestehendes, einen Teilausschnitt des Lebens darstellt. Es ist eine Modalität dieses Lebens selbst in seiner konkreten Totalität. Für diesen Standpunkt gibt es denn auch keine Rechtsphilosophie, keine auf das Recht beschränkte Philosophie im eigentlichen Sinne des Wortes, der es an jedem Gegenstande fehlen würde. Was sie erstreben könnte, hat die Sozialphilosophie zu leisten. Es ist für diese Auffassung denn auch ein von vornherein verfehlter Gedanke, wenn Spekulation es unternimmt, von einem höchsten absoluten Gesichtspunkt aus das Recht oder die Idee des Rechts zu bestimmen. Darin unterscheidet das Recht sich von Grund auf von der Sittlichkeit. Es ist überhaupt nichts Absolutes, nicht Träger einer Idee, wenigstens keiner anderen Idee als dieser, daß es die Vernunft der Gewalt ist. Inhaltlich lebt es ausschließlich nur von Entlehnungen, die ihm die Wissenschaften und die Kunst des Lebens, die Politik bieten. In diesem Sinn, aber auch nur in diesem, ist der Satz wörtlich wahr: Jurisprudentia est omnium rerum scientia humanarum atque divinarum. Wer inhaltlich das Recht als etwas Absolutes bestimmen will, der unternimmt nicht mehr und nicht weniger, als den absoluten Begriff des Lebens zu bestimmen. Wer hier richtig sieht, wird sich nicht wundern, daß das denn auch bisher noch keiner Philosophie gelungen ist. Alle Versuche, eine befriedigende Definition vom Recht zu geben, mußten notwendig daran scheitern, daß man mit dem Vorurteil an die Aufgabe heranging, es gelte ein materiales Prinzip. Rechtsidee und Rechtsbegriff sind notwendig formal.

Erweist das Recht sich so als die vom Gebote der Sittlichkeit geleitete Vernunft der Gewalt, so braucht es seinen Weg zur Gewalt nicht erst zu suchen, und man kann von ihm nicht verlangen, daß es sich von der Gewalt trennt. Es wäre, als wollte man eine Physik schreiben, die sich nicht mit den Körpern befaßt. Ja, wenn man die Gewalt aus der Welt schaffen könnte! Auch das wäre, wie gesagt, ein unverständiges, unmögliches Unternehmen. Aber der Gedanke wäre wenigstens nicht verrückt. Man kann auch an einem Rechte, wie es gilt, viel auszusetzen haben, es sogar in Grund und Boden verwerfen. Aber immer könnte es sich nur darum handeln, das eine Recht durch ein anderes Recht zu ersetzen. Das Recht abschaffen hieße nicht zugleich auch die Gewalt abschaffen, sondern es hieße die Gewalt der Vernunft berauben und eine Kultur schaffen, wo der Schwächere jedem Stärkeren hilflos ausgesetzt wäre, eine Raubtierkultur. Man kann verstehen, wenn ein Wolf sich davon etwas verspricht. Aber es gibt allerdings auch Schafe, die das tun.[1])

Man bestreitet die hier vertretene Auffassung, daß die Gewalt eine naturgegebene, durch keine Philosophie zu überwindende Tatsache sei. Man hat insbesondere von der Staatsgewalt behauptet, daß sie nicht die

[1]) Man lese die kindlichen Ausführungen des greisen Tolstoi in seinem: Über das Recht, Briefwechsel mit einem Juristen, deutsch von Skarvan, 1910. Übrigens ist der Fall Tolstoi ein guter Beleg dafür, wie sehr wir gewohnt sind, nur die Spitzen der Dinge zu sehen. Der geniale Schilderer des menschlichen Herzens und Gemütes hat sich selbst gar nicht gekannt. Unter den Segnungen des Friedens lebte er im Schutz einer festen Rechtsordnung das Dasein eines agrarischen Kapitalisten, eingebettet in die treu-fürsorgende Liebe seiner Familie, meinte aber, alle Fäden, die ihn mit der Kultur seiner Zeit verbanden, zerschnitten zu haben, weil er sich schlecht kleidete, frugal aß und mit den Seinen seinerseits polterte, und damit hat er die Bewunderung der ganzen Welt gefunden.

Quelle des Rechts sei, daß vielmehr umgekehrt diese komplizierte Erscheinung der Staatsgewalt im Recht ihre Wurzel habe. Das ist aber falsch. Richtig ist nur, daß diese Zusammenfassung der physischen Kräfte nicht selbst wieder ein rein physischer Akt ist. Wie im sozialen Leben überhaupt, so ist auch bei dieser Erscheinung der Zusammenfassung der Kräfte menschliche Vernunft, und zwar von unten an, am Werke, die es bewirkt, daß mit und an dem Aufbau des Lebens zugleich die verschiedenen Kultursysteme erwachsen, daß mit und an der Zusammenfassung der Kräfte zu einer höheren und geschlosseneren Einheit das Rechtssystem entsteht. Bierling sagt: „Alle wirkliche Macht über fremde Willen ist durch ein gewisses gleichzeitiges Entgegenkommen dieser Willen bedingt; ja, man wird offenbar noch weitergehen und sagen müssen, nicht schon das Entgegenkommen im einzelnen Falle, sondern erst ein nicht auf einen einzelnen Fall beschränktes Indienststellen des Willens begründet Macht als eine wahre und zumal dauernde Macht" (S. 51). Und an einer anderen Stelle heißt es: „Ohne alles Recht ist ein wahres menschliches Zusammenleben undenkbar; mindestens eine Norm für das Handeln muß — bewußt oder instinktiv, gerne oder unwillig — von denen anerkannt sein, deren Leben auch bloß momentan als ein Zusammenleben, als Gemeinschaft bezeichnet werden soll; nicht die Gemeinschaft ist also Grund des Rechts, sondern das Recht, d. h. gewisse als Regel für ein Zusammenleben anerkannte Normen oder doch mindestens eine solche Norm, bildet den Grund jeder wirklichen Gemeinschaft für die Anerkennenden; in der Fortdauer der Anerkennung beruht auch die Fortdauer der Gemeinschaft; nicht die Lebensgemeinschaft ist das ursprünglich Gegebene, aus deren Anschauung und nach deren Charakter sich dann die Normen des gemeinschaftlichen Lebens entwickeln, sondern die Normen sind es, die jeder Lebensgemeinschaft, gleichwie sie deren Existenz bedingen, so ihr auch den speziellen Charakter geben, durch welchen sie sich von allen anderen Arten von Gemeinschaften oder Lebenskreisen unterscheidet."

Entkleidet man diese Behauptungen der — namentlich in dem letzten Satze liegenden — versteckten und vielleicht unbeabsichtigten Metaphysik, so dürfte, was Bierling hier an und für sich ganz richtig im Auge hat, nichts anderes sein, als was bei Stammler unter den Begriff der äußeren Regelung oder des verbindenden Wollens das Konstitutive, nun aber nicht der Rechtsordnung oder gar des Gesamtwillens des Staates, sondern überhaupt des sozialen Lebens bildet, und was schließlich nach meiner bereits früher ausgesprochenen Ansicht[1]) gar nichts anderes ist als eben das Begriffliche

[1]) S. Jher. Jahrb. 55 S. 365 f.

am Sachverhalt, mittels dessen er überhaupt nur unserer Vorstellung und unserem Verständnis, unserem Intellekt zu- und eingeht. Was die jeweilige Eigenart einer Gemeinschaft bestimmt, ist aber weit entfernt, sich auf die Rechtsordnung zu beschränken. Ethik und Konvention, Religion und Ästhetik, ferner aber auch Normen der reinen Nützlichkeit, der Technik, alles wirkt zusammen und gestaltet den Zusammenschluß. Was insbesondere die Zusammenfassung der physischen Kräfte, die Machtbildung angeht, so beruht nicht minder der hier wirkende psychologische Tatbestand auf mehr als einem Moment. Da spielen nicht nur Rechtsnormen, sondern auch Momente und Normen der Ethik, der Konvention, auch ein psychologisch-naturgesetzlicher Quietismus ihre Rolle. Es ist ja ganz richtig und nicht zu bestreiten, daß auf die Art und Weise, wie jedesmal der Zusammenschluß aller zu dem einheitlichen Gesamtwillen zustande kommt, auf die Bildung der Kanäle und Gänge usw., in denen, auf die Festlegung der Punkte der Konzentration und Ausstrahlung, an denen die Gemüter und Wünsche sich begegnen, sich anziehen und abstoßen, sich suchen und schließlich sich finden, es ist, wie gesagt, nicht zu bestreiten, daß auf alles das auch die Festigkeiten des Rechts von Einfluß sind, wie ja sicherlich gleich von Anfang an der Prozeß dieses Zusammenschlusses nach bestimmten Formen gestrebt hat, in denen er sich adäquat vollziehen wollte und konnte und dann auch sollte. In den ungeheuer komplizierten Vorgängen des Sozialen hängt alles mit allem zusammen. Da ist nichts, was nicht zugleich bedingend wäre und bedingt, wie in einem Gewölbe kein Stein ist, der nicht zugleich trägt und getragen wird. Auch von einem zeitlichen Früher oder Später ist hier keine Rede. Wo immer ein Gesamtwille sich bildet, muß er auch schon die Form gefunden haben, den Weg, auf welchem das geschieht. Aber mag nun diese Form nur erst in ersten Ansätzen vorhanden sein oder in der Gestalt einer ausgebildeten, festgelegten Verfassung, das Elementare, das Naturgegebene im Vorgang bleibt immer die in diesen Formen sich bildende Gewalt. Die Bewegung einer Dampfmaschine wird jedermann auf die Expansionskraft des Wasserdampfes, auf die in der Überhitzung konzentrierte Kraft zurückführen, nicht auf die Konstruktion der Maschine, auf das Ineinandergreifen des künstlichen Mechanismus. Ferner aber liegt der substantielle Grund dieser im Gesamtwillen zusammengefaßten Kraft — darauf wird gleich noch einzugehen sein — nicht in den verschiedenen Einzelvorgängen bestimmter Entschließungen, die in einem fertigen und geordneten Staat allerdings nur in bestimmten Rechtsformen zustande kommen können, sondern in der allgemeinen Gesamtstimmung des Bewußtseins, die sich selbst kaum kennt und von Rechtsformen gar nichts weiß. Nicht das Recht, sondern die Natur schafft die Gewalt. —

Man wird gegen diese Theorie einwenden, daß sie den Begriff des Rechts aushöhlt. Das wäre in gewisser Weise nicht unrichtig, aber es ist kein Vorwurf. Über das Sachliche am Recht, über seinen Inhalt ist im vorstehenden kein Wort gesagt worden und wollte kein Wort gesagt werden. Es kam nur darauf an, die logische Struktur des Rechts zu explizieren. Das ist nicht die wichtigste Seite der Sache. Die interessantere, eigentlich erst wertvolle, aber auch schwierigste Aufgabe würde nun erst beginnen. Aber darum darf man doch die hier behandelte Frage nicht unterschätzen. Der klare Einblick in die logische Struktur, das Verständnis für die Form wird die Besinnung über den Stoff und die Behandlung des Stoffes nicht nur erleichtern, sondern ist geradezu unentbehrliche Voraussetzung für eine fruchtbare sachliche Überlegung. Denn gerade das Logische in dem Aufbau, diese große, im Laufe der ganzen Menschheitsgeschichte erwachsene Welt juristischer Begriffe und ihres Zusammenhanges zum System legt sich dem ungeübten Auge oder vielmehr dem Auge des gebildeten, aber oft auch verbildeten Juristen wie ein schwer zu durchdringender Nebel vor die Wirklichkeit des Lebens, und erst die Fähigkeit, durch diesen Nebel hindurch das Leben selbst zu sehen, um es nun allerdings nach den Kategorien und Begriffen des Rechts zu erkennen und zu ordnen, so daß der Nebel kein Nebel mehr ist, verleiht dem Intellekt jene innere Freiheit, wo das System eine leicht zu handhabende Waffe und nicht vielmehr eine schwere und überschwere Rüstung ist, die uns mehr behindert als fördert.

Savigny hat einmal den richtigen Gedanken klar ausgesprochen, daß das Recht nichts anderes ist als das Leben selbst, betrachtet von einer bestimmten Seite aus. Das Wort ist oft zitiert worden. Aber ich kann nicht finden, daß es das richtige Verständnis gefunden hätte, vor allem nicht, daß es jemals methodisch verwertet worden wäre. Bisher hat noch niemand, auch Savigny selbst nicht gesagt, welches denn dieser Punkt ist, von dem aus man die Sache ansehen müßte. Bildlich ausgedrückt, ist das Leben wie eine Kreisfläche, wo dann das Recht nicht etwa einen, gleichviel wie großen Sektor darstellt, sondern wieder den ganzen Kreis, nur daß sich hinter diesem Kreise noch andere, unendlich viele Seiten derselben Sache verbergen, sich verbergen allerdings, aber eben nicht verbergen sollten. Ganz treffend ist das Bild freilich doch nicht. Es gibt Gebiete des Lebens, wo jede Anwendung und jeder Einfluß von Gewalt begrifflich ausgeschlossen ist, und weiter läßt der Staat absichtlich Gebiete, wo er mit Gewalt etwas ausrichten könnte, außer Betracht, und so fallen ganze Gebiete des Lebens vollständig aus, wenn wir es unter dem Gesichtspunkte des Rechts erfassen. Insofern ist hier nicht nur Abstraktion, sondern auch Aussonderung am Werke. In dem Bilde deckt der Kreis nicht das ganze Leben, und wir müssen so definieren, daß die verwirklichte Rechtsordnung der Inbegriff derjenigen Lebensverhältnisse ist, welchen Festigkeit, Stetigkeit, Sicherheit in der Vorausberechnung dadurch gewährleistet wird, daß hinter ihnen die Machtbefehle des Staates stehen. Aber die Hauptsache, die das Bild anschaulich machen will, bleibt. Es ist die Berichtigung der Ideologie in dem Verfahren. Wir Juristen müssen lernen, daß wir in dem Rechtsverhältnis oder in den Rechtsverhältnissen, die in den Rechtsfall hineinspielen, das Rechtliche zwar betonen, aber eben nur betonen, d. h. hinter ihnen zugleich das Leben in seiner konkreten Fülle und also auch unter den aus den anderen Seiten der Betrachtung sich ergebenden Gesichtspunkten und in den dort bestehenden Zusammenhängen sehen und beurteilen. So müssen wir darauf bedacht sein, die Form des Rechts von der Materie seines Stoffes in Gedanken zu scheiden.

Aber freilich soll diese Trennung von Form und Stoff nicht mehr sein als ein methodischer Kunstgriff. Wie überall, so sind auch hier Form und Stoff nicht indifferent gegeneinander, bedingen sich vielmehr gegenseitig. Eine kurze Überlegung wird zeigen, wie gerade dieses, daß das Recht nichts anderes ist als die Vernunft der Gewalt, von wesentlich mitbestimmendem Einfluß auf seinen Inhalt ist.

Man darf sich die Sache nicht so vorstellen, als hätte es jemals eine Zeit oder eine Gelegenheit gegeben, wo die Staatsgewalt einen sozusagen jungfräulichen Boden vor sich gehabt und vor dem Entschluß gestanden hätte, in ein zwangsfreies Dasein mit seinen durch Vernunftprinzipien geleiteten Machtmitteln einzugreifen. Überall sieht vielmehr der Staat sich einer gegebenen, in mehr oder weniger feste Formen eines mehr oder weniger entwickelten Rechts gekleideten Gesellschaftsordnung gegenüber. Da hängt alles mit allem zusammen, und wie es entsteht oder entstanden ist, läßt sich schwer vorstellen. Aber wir zweifeln heute nicht mehr daran, daß es niemals nur einen Adam mit seiner Eva, auch niemals nur vier, fünf Adame, einen kaukasischen, einen mongolischen, einen malaiischen usw., gegeben hat. Näher liegt die Vermutung, daß uns die Natur vielmehr in den Wundern des Tierstaates, im Leben der Ameisen und Bienen, wo alles, möchte man sagen, zugleich naturgesetzlich und in Freiheit, d. h. in innerer Bestimmtheit nach unverbrüchlicher Gesetzlichkeit, zu nie versagender Harmonie und Synergie verläuft, — als hätte uns die Natur hier einen Prototyp aufbewahrt, wie geordnete Gemeinschaften von Individuen, die freilich kaum schon Individuen sind, leben und bestehen, aus einem Triebleben heraus, das keineswegs verschwinden müßte. wenn Bewußtsein und Selbstbewußtsein sich entwickeln, nur daß wir dann zu geneigt sind, den „verzerrten" Maßstab anzulegen und nur das in uns zu sehen, was wir im Bewußten erleben. Aber mag auch dem nun wieder die Anthropologie ebenfalls widersprechen, sicher ist, daß das Menschengeschlecht nicht hineingeboren ist in Freiheit, sondern in den vollen Zwang der Gemeinschaft in ihrer jeweiligen Erscheinungsform, und daß der, wenn auch unzähligemal durch Inversionen aller Art unterbrochene, im ganzen aber eindeutig gerichtete Gang der Geschichte der Weg aus der Unfreiheit zur Freiheit des Individuums, wenn nicht geradezu der Weg zum Individuum gewesen ist. Natürlich hat in dieser Entwicklung auch — im guten wie im bösen Sinne — die Gewalt ihre Rolle gespielt. Aber der Inbegriff der seelischen Kräfte, die das gewirkt haben, ist das, was wir seine Vernunft nennen, die die ganze Seele, auch das Unbewußte umfaßt, und uns bleibt nichts, als vertrauen, daß diese Vernunft wie über allem, so auch schließlich über der Gewalt stehen wird. Oswald Spengler behauptet in „Preußentum und Sozialismus": „Wir glauben nicht mehr an die Macht der Vernunft über das Leben, wir fühlen, daß das Leben die Vernunft beherrscht." Aber er fährt fort: „Menschenkenntnis ist uns wichtiger als abstrakte und allgemeine Ideale; aus Optimisten sind wir Skeptiker geworden: nicht was kommen *sollte*, sondern was kommen *wird*, geht uns an, und Herr der Tatsachen bleiben ist uns wichtiger, als Sklave von Idealen werden; die Logik des Naturbildes, die Verkettung von Ursache und Wirkung scheint uns oberflächlich, nur die Logik des Organischen, des Schicksals, der Instinkt, den man fühlt, dessen Allmacht man in dem Wechsel der Dinge schaut, zeugt von der Tiefe des Werdens", und er zeigt damit, daß er nicht die Vernunft meint, sondern das Vernünfteln, die — nach seiner Meinung falsche — Richtung der Vernunft in ihrer Verbindung *mit* und dadurch unter Umständen bedingten Verdunkelung *durch* den Intellekt. Vernunft ist die Total- und Urkraft der Seele, die schon in ihren ersten Trieben lebt und in dem Geschöpf Mensch so stark entwickelt oder so weit vorgeschoben ist, daß sie auch im Individuum nicht verschwindet, vielmehr hier sich ihrer selbst bewußt wird, mag das nun der Höhepunkt sein oder ein letzter Ausläufer. Daher ist kein anderer Trost. Die Guten müssen sich stark machen, müssen den Gedanken in sich tragen und fruchtbar machen, daß sie nichts sind ohne die Gewalt. Die Starken müssen sich zu Gemüte führen, daß ihre Macht alle Berechtigung verliert, wenn sie sich nicht von der Vernunft, wenn sie sich nicht ethisch leiten läßt. Man kann auch so sagen: Die Macht soll allezeit gerecht verfahren.

Aber was heißt das? Von jeher hat sich der Begriff der Gerechtigkeit als einer der sprödesten erwiesen. In Wahrheit ist er ein rein formaler Begriff und ein formaler Begriff nicht so sehr des Rechts wie vielmehr der Moral. Es ist eine etymologische Zufälligkeit, daß das Wort in seinem Stamm so unmittelbar auf das Recht hinweist. Jedenfalls wird wohl niemand bestreiten, daß sein Gebiet weit hinausgreift über das Recht, daß es zum mindesten von gleicher Bedeutung ist für die Sittlichkeit und das sittliche Urteil. Und es besagt, daß jedes Urteil, jede Tat mit jener Notwendigkeit geschehen soll, deren Idee wir mit einem letzten, nicht weiter zu umschreibenden Ausdruck als Gesetz bezeichnen. Es ist zuviel gesagt, wenn man das Wesen des Gesetzes in der Idee der Notwendigkeit und der Allgemeingültigkeit sucht. Denn Allgemeingültigkeit in dem Sinn, daß das Gesetz nicht nur subjektiv für einzelne, sondern objektiv für alle zwingende Geltung hat, ist mit dem Begriff der Notwendigkeit schon ausgedrückt. Dagegen ist Allgemeingültigkeit im Sinne einer das einzelne in Vielheit Gedachte umfassenden, das einzelne übergreifenden Geltung nicht ein ursprüngliches und gleichgeordnetes Prädikat. Niemand bestreitet heute mehr das Denkgebilde eines Singulargesetzes, eines Singularbegriffs. Nur wo — wie allerdings zumeist — der Grund der Notwendigkeit nicht in dem vollen Tatbestande liegt, wo wir ihn in mehr oder weniger zahlreichen Einzelmomenten finden, wiederholt sich in anderen Fällen, die dieselben Momente rein enthalten, dieselbe Notwendigkeit, und in diesem Sinne wohnt denn auch dem Gesetze Allgemeingültigkeit bei. So ist der Gedanke des Gesetzes ein Urgedanke, ein nicht weiter aufzuklärendes und zu beschreibendes letztes Gegebenes.

Mit diesem Vernunftprinzip des Gesetzes verschwistert sich das Vernunftprinzip der Einheit und Einheitlichkeit und aus der Wechselwirkung beider ergibt sich jenes Suchen, das die ganze Geschichte der Menschheit durchzieht, das Suchen nach dem die Einheitlichkeit bewährenden System der Normen, deren Geltung die Gerechtigkeit fordert und in deren Anwendung nun wieder mit dem Intellekt, der mit Wissen System und Leben erfaßt, der Wille, der sich ethisch von Gerechtigkeit leiten läßt, Hand in Hand gehen soll. So ist es im Reiche der Sittlichkeit wie auch im Reiche des Rechts. Nur hat es hierin ganz augenfällig dem äußeren Apparate nach das Recht ungemein viel weiter gebracht als die Moral. Kein Kulturvolk, das nicht unter einem großen, festen, bis in die Einzelheiten durchgearbeiteten Rechtssystem lebt. In der Ethik stehen die widerstreitendsten Systeme heute so unversöhnt gegeneinander wie je. Und die hier wirkende Ursache ist nun eben das Wesen des Rechts als Zwangs- und Gewaltnorm. Die Erscheinung hat ihren natürlichen Grund in der Stufenleiter der menschlichen Bedürfnisse. Gewalt und Willkür sind immer und überall gegenwärtig, und wo nur immer eine Staatsgewalt schon entstanden ist, hat sie die unabweisliche Aufgabe, unmittelbar und mit Sicherheit der Entscheidung einzugreifen. Das Recht kann sich nicht auf Spekulation, auf den Streit über die Zurückführung seiner Normen auf letzte Prinzipien, auf das reizvolle Suchen nach dem Besten und Einzig-Wahren einlassen. Es muß heute und hier und immer und überall stets fertig und bereit sein mit seinen Überlegungen, Entschließungen und Eingriffen. Das muß es tun, schlecht und recht, wie es eben geht. Es muß entschieden, es muß gehandelt werden, mag es auch vielleicht nicht richtig sein. Besser immer noch so als gar nicht. Aber niemals darf es dabei nach Willkür hergehen sondern mit der Notwendigkeit einer G e s e t z l i c h k e i t. Hierzu bedarf es des Verständnisses des Lebens nach dem System eines — der Absicht nach — in sich geschlossenen, einheitlichen Begriffszusammenhanges. Es wäre herrlich, ließen sich die einzelnen Fälle ganz nur nach ethischen Grundsätzen entscheiden. Dazu müßten wir aber eine sichere und anerkannte Ethik haben, und die besitzen wir nicht. Ist es doch streitig, ob es überhaupt eine objektive Ethik gibt. Jedenfalls aber ist es uns nun einmal nicht gegeben, für sie jenes System allgemein anerkannter Begriffszusammenhänge zu finden. Es liegt in dem Wesen, in der Idee des Sittlichen, daß es nicht diskursiv in abstrakten Gedankengängen erfaßt werden kann. Das sittliche Urteil erfordert Intuition und ist, als Vollendetes, Allgemeines, Allgemein-Notwendiges gedacht, ein unerreichtes Ideal. Selbst in ganz groben Fällen sehen wir oft genug die öffentliche Meinung weit auseinandergehen. Das Recht dagegen, will es und muß es unmittelbar praktisch und gleichwohl wiederum gerecht sein, muß diesen Vorteil auf der einen Seite mit einem nach der anderen Richtung zu bringenden Opfer bezahlen. Es ist das von jeher geübt, ohne daß freilich dieser Zusammenhang klar durchschaut worden wäre. Das Recht braucht darum die Sittlichkeit nicht gleich aus den Augen zu setzen, muß aber eine von ihr ganz abweichende Bahn einschlagen. Es muß das Leben, das es als Ganzes und auf einmal nicht fassen kann, zerstückeln, um es wenigstens in seinen jeweiligen Einzelheiten, um es nicht nach absoluten, um es nach bedingten Gesichtspunkten zu begreifen. Hierzu muß es das Einzelne weiterer Analyse unterziehen, es begrifflich erfassen und nach Begriffen ordnen und aus den ersten Begriffen wiederum mittels weiterer Abstraktionen das Gemeinsame hier, das Trennende dort zu allgemeineren Begriffen zusammenziehen und diese wiederum ordnen und so weiterbauend und immer höher steigend in das Abstrakte und Abstrakteste zu einem zusammenhängenden System des Wissens zu gelangen suchen, das nicht absolute Einheit und Vollendung erreicht, aber immer der Absicht nach auf dem Wege zu ihr liegt. Wieweit das erreicht wird, ist eine Frage für sich. Aber deutlich ist, daß auf diesem Wege gegenüber der Ethik eine ganz neue, selbständige Welt von Begriffen und Gedanken entsteht. Allerdings, auch die Ethik strebt nach Erkenntnis und muß daher ebenfalls mit Abstraktem, mit Begriffen arbeiten. Aber dem sind hier ganz andere und engere Grenzen gezogen. Sie kann darin nicht weiter gehen, als daß ihre Begriffe immer noch ein Moment des Ethischen bewahren. Und schließlich hilft ihr auch diese Beschränkung nicht einmal viel. Will sie praktisch werden und das sittliche Urteil fällen, dann wird sie gewahr, daß ihr mit allen Abstraktionen, ihren Tugend- und Pflichtenlehren, um nicht zu sagen ihren Gemeinplätzen, wenig gedient ist, daß sie — will sie gerecht sein — auf das ganz Konkrete eingehen muß, das sie nicht aus seinem Zusammenhang herausreißen darf, daß sie, wie gesagt, im wesentlichen schließlich doch intuitiv entscheiden muß. Daher denn auch die allgemein zu beobachtende Unsicherheit und Zerfahrenheit des sittlichen Urteils. Vom Recht gilt das Gegenteil. Als Vernunft der stets gegenwärtigen, stets angerufenen Gewalt muß es selbst auch stets schon fertig sein. Deshalb darf es sich in seiner Begriffs- und Systembildung keine Grenzen stecken lassen und muß in seiner Analyse vorschreiten bis zu den letzten Abstraktionen, weit hinaus über den Punkt, wo über der Zerstückelung und Zerlegung längst jede sittliche Nuance verschwunden ist, um dann im gegebenen Fall mit einem so geeigenschafteten Gedankenmaterial zu Synthesen zu gelangen, von denen nicht einzusehen ist, woher ihnen eine sittliche Färbung kommen sollte. In voller Härte muß das nicht immer durchgeführt werden. In dieser Beziehung kann man denn auch geschichtliche Entwickelung beobachten. Es ist nicht immer unausführbar, daß an dieser oder jener Stelle dem Gesichtspunkt der Ethik Rechnung getragen wird. Nur muß auch das wiederum in bestimmten Grenzen nach sicheren Richtpunkten geschehen. Das ist nun wieder ein Problem für sich. Aber das Grundschema bleibt bestehen und muß seinen entscheidenden Einfluß üben. Im wesentlichen und auch tatsächlich in den weitaus meisten Fällen sind die Urteile des Rechts sittlich indifferent, darum nicht weniger sittlich indifferent, weil die Tätigkeit des Urteilenden, namentlich des Richters, dieses Suchen nach Erkenntnis und Entschließung zu richtiger Entscheidung in eminentem Sinn unter dem sittlichen Gebot der Ernstlichkeit des Tuns und der Verantwortlichkeit für das Geschehende stehen. Gewiß hat auch die Rechtswissenschaft, das Rechtssystem nicht die geringste Veranlassung, der Sittlichkeit den Rücken zu kehren. Im Gegenteil. Gerade die sittlichen Begriffe sind für sie vielfach der Ausgangspunkt. So ist die bindende Kraft des Vertrages nichts anderes als die ethische Pflicht, die auf dem Versprechen ruht. Sie ist der Substanz nach nichts anderes, die das Recht nur nach seinem Bedürfnis in bestimmte, feste Formen, in das Begriffskantige kleidet, um damit dann allerdings auch schon die Grenzen der Ethik überschritten zu haben. Die Persönlichkeit, die Ehre, die Ehe, das Eigentum sind ethische Potenzen, die auch das Recht, gerade darum, weil sie das sind, anerkennt, gewissermaßen übernimmt, aber damit dann auch in Begriffszusammenhänge bringt, die oft ganz andere Wege zu wandeln nötigen, als sie die Ethik kennt.

Es liegt daher nichts Absolutes in den Beziehungen beider, in dem, was die Sittlichkeit und das Recht verbindet und trennt. Es sind das reine Menschlichkeiten. Um seines Zweckes, um seiner Verwendbarkeit und Tauglichkeit willen muß das Recht, man darf nicht sagen unsittlich sein, wohl aber muß es nicht-sittlich, sittlich farblos sein, und es ist denn auch der ganze Aufbau des Rechtssystems von Grund auf ein anderer und gegensätzlicher zu dem der Moral. Man kann den Sachverhalt nicht ärger verkennen, als wenn man das Recht als das sittliche Minimum kennzeichnet.

Diese Erscheinung, die eigentümlich formalistische Natur des Rechts, fällt in die Augen und ist schon früh empfunden, beobachtet und — oft mit mehr Eifer als Einsicht — gescholten worden. Aber sie zu erklären, wollte nicht gelingen, was nach meiner Auffassung wieder damit zusammenhängt, daß man die Dinge nicht einfach genug nahm. Es mag ja sein, daß die Sache tiefer liegt, als meine Augen reichen. So müßte denn die Philosophie helfen? Ich kann zwei ganz Große nennen. Schon bei Plato lesen wir: „Das Beste ist, nicht daß die Gesetze gelten, sondern der Mann, der weise und königlich ist; weil das Gesetz nicht das, was aufs genaueste und ganz allgemein das Vortrefflichste und Gerechteste wäre, vollkommen vorzuschreiben vermag; weil die Ungleichheiten der Menschen und der

Handlungen und das Niemals-Ruhe-Halten der menschlichen Dinge nichts Sich-selbst-Gleiches bei keiner Sache über alle Seiten derselben und für alle Zeit in keiner Kunst dargestellt zu werden erlauben; das Gesetz aber sehen wir gerade auf ein und dasselbe sich hinrichten, wie ein eigensinniger und roher Mensch, der nichts gegen seine Anordnung geschehen noch auch von jemand sich darüber fragen läßt, wenn einem etwas anderes, besseres vorkommt gegen das Verhältnis, das er festgesetzt hat; es ist unmöglich, daß für das Nie-sich-selbst-Gleiche das Sich-durchaus-selbst-Gleiche gut sei." Auf diese Stelle verweist Hegel in dem Zusammenhang, wo er das Naturrecht im Sinne einer absoluten, für alle Zeiten und allerorten maßgeblichen Rechts bekämpft. Durch die Identität, sagt er, in welche das Reelle in der Beziehung der äußeren Lebensverhältnisse gesetzt werde, werde die Besonderheit zugleich als ein Allgemeines bestimmt, wodurch die Sphäre des Rechts (im engeren Sinne im Gegensatz zum Ganzen der Sittlichkeit, in welchem nach Hegel bekanntlich das Recht nur ein ziemlich untergeordnetes Stadium (Potenz) darstellt) konstituiert werde. „Der Reflex des Absoluten in diesem Verhältnis erscheint nach der negativen Seite gegen das Bestehen des Reellen als ein Bezwinger, nach der positiven Seite für das Bestehen des Reellen kann die Indifferenz in diesem bestimmten Stoffe sich nur als eine äußere formale Gleichheit ausdrücken; die Wissenschaft, die sich hierauf bezieht, kann nur darauf gehen, teils die Abstufungen der Ungleichheit, teils zu diesem Zweck die Art zu bestimmen, wie ein Lebendiges (Inneres) so objektiv und äußerlich zu setzen ist, damit es jener Bestimmung und Berechnung fähig sei; auf diese oberflächliche Erscheinung ist die absolute Realität der Sittlichkeit in dieser Potenz durch das Bestehen der im Gegensatz vorhandenen Realität eingeschränkt. Nicht nur hat um der fixierten Bestimmtheit willen, welche eine absolute Entgegensetzung in sich schließt, das Gleichsetzen und die Berechnung der Ungleichheit ihre Grenzen und stößt wie die Geometrie auf Inkommensurabilität, sondern, weil sie ganz in der Bestimmtheit und doch nicht wie die Geometrie abstrahieren kann, sondern schlechthin, da sie in lebendigen Verhältnissen ist, immer ganze Konvolute solcher Bestimmtheiten vor sich hat, auf endlose Widersprüche; dem wird allerdings bei einer Anschauung durch Festsetzen und Festhalten an einzelnen Bestimmtheiten abgeholfen und ein Ende gemacht, als wodurch eine Entscheidung erfolgen kann, was noch immer besser ist, als daß keine erfolgt. Denn *weil in der Sache selbst nichts Absolutes ist*, so ist eigentlich *das Formelle*, daß überhaupt entschieden und bestimmt wird, *das Wesentliche*. Aber ein ganz anderes ist, daß nach wahrhafter totaler Gerechtigkeit und Sittlichkeit auf diese Weise entschieden werde, welche gerade durch das Festsetzen und absolute Festhalten an den Bestimmtheiten unmöglich, allein in der Konfusion derselben möglich und durch unmittelbare sittliche Anschauung wirklich ist, welche die als absolut gesetzten Bestimmtheiten unterjocht und allein das Ganze festhält. Aber Hegel will nun zugleich auch die Sache erklären: Daß an dem Gedanken, es sei in dieser Sphäre menschlicher Dinge an sich seiendes und absolutes bestimmtes Recht möglich, festgehangen wird, kommt von der formalen Indifferenz oder dem negativ Absoluten, welches in der fixen Realität dieser Sphäre allein Platz hat, und welches allerdings an sich ist. Aber insofern es an sich ist, ist es leer oder es ist an ihm nichts Absolutes als gerade die reine Abstraktion, der völlig inhaltlose Gedanke der Einheit. Es ist nicht etwa ein Schluß aus bisheriger Erfahrung, noch ist es als zufällige Unvollkommenheit des Konkreten und der Ausführung einer a priori wahrhaften Idee zu betrachten, sondern es ist zu erkennen, daß, was hier Idee genannt wird und eine Hoffnung auf bessere Zukunft hierüber, an sich nichtig, und daß eine vollkommene Gesetzgebung sowie eine der Bestimmtheit der Gesetze entsprechende wahrhafte Gerechtigkeit im Konkreten der richterlichen Gewalt an sich unmöglich ist. Was jenes betrifft, so ist das Absolute, weil es in den Bestimmtheiten als solchen sein soll, nur das Unendliche; und es ist ebendieselbe empirische Unendlichkeit und an sich endlose Bestimmbarkeit gesetzt, welche in dem Gedanken einer Vergleichung eines bestimmten Maßes mit einer absolut unbestimmten Linie, des Messens einer unendlichen Linie gesetzt ist. Was das andere betrifft, so werden von den ebenfalls unendlich vielen und verschieden geformten Anschauungen, welche der Gegenstand des Richterlichen sind, jede mit der wachsenden Menge von Bestimmungen vielfacher bestimmt. Jene Bildung von Unterscheidungen durch die Gesetzgebung macht jede einzelne Anschauung unterscheidbarer und gebildeter, und die Ausdehnung der Gesetzgebung ist nicht eine Annäherung zum Ziele einer positiven Vervollkommenheit, die hier keine Wahrheit hat, sondern nur das Formale der zunehmenden Bildung. Und damit nun in dieser Mannigfaltigkeit das Eins der richterlichen Anschauung des Rechts und des Urteils sich organisiere, ein wahrhaftes Eins und Ganzes werde, ist absolut notwendig, daß jede einzelne der Bestimmtheiten modifiziert, d. h. eben als eine absolute, für sich seiende, für was sie sich als Gesetz ausspricht, zum Teil aufgehoben, also ihr Absolutsein nicht respektiert werde. Und von einer reinen Anwendung kann nicht die Rede sein; denn eine reine Anwendung wäre das Setzen einzelner Bestimmtheiten mit Ausschließung anderer. Aber durch ihr Sein machen diese ebenso die Anforderung, daß sie bedacht werden, damit die Gegenwirkung nicht durch Teile, sondern durch das Ganze bestimmt selbst ein Ganzes sei. Dieser klaren und bestimmten Erkenntnis — so schließt nicht ohne Humor, freiwilligen oder unfreiwilligen, die Erörterung ab — muß die letzte Hoffnung und der formale Gedanke sowohl einer absoluten Gesetzgebung als eines dem Inneren des Richters entzogenen Rechtsprechens unterliegen. (Über die wissenschaftlichen Behandlungsarten des Naturrechts, Werke I S. 375 ff.)

Ich muß dem Leser überlassen, was er diesen Sätzen für sich entnehmen will. Für mich tragen sie zur Erklärung der Sache nichts bei. Für mich sind sie überhaupt nur insoweit verständlich, als ich das, was Hegel sagen und beweisen will, aus anderem Grunde begriffen habe. Ich vermag hier nichts anderes zu sehen als hochgeschraubte Einfachheiten.

Es ist aber auch klar, daß dieses ganze Tun im und am Recht, dieses Suchen und Schaffen der Sätze und Gesetze des Rechts an höchster und letzter Stelle steht, erhaben über jeden Akt nicht nur der einzelnen Rechtsprechung und überhaupt Rechtsanwendung, sondern auch der Gesetzgebung. Hier ist die Stelle, wo die Allmacht des Gesetzgebers mit ihrem Gegenstande zugleich die durch diesen gegebenen unüberschreitbaren Grenzen findet.[1]) Wir haben hier die Quelle des Rechts, die nicht nur i n der Ge-

[1]) In diesen Zusammenhang fügt sich der Grundgedanke der Abhandlung Die apriorischen Grundlagen des bürgerlichen Rechts von Adolf Reinach in Husserls Jahrbuch für Philosophie und phänomenologische Forschung I S 685 ff. Wir können uns mit dem Verfasser persönlich nicht mehr auseinandersetzen, der sein Leben für das Vaterland hat hingeben müssen. Aber auf seine wertvollen Ausführungen hinzuweisen, scheint mir um so mehr geboten, als sie an einer Stelle erschienen sind, wo sie der Juristenwelt nicht leicht in die Augen fallen. Der Verfasser hat deutlich gesehen, daß allen Satzungen des Rechts die Wirklichkeit des Lebens mit seinen eigenen Gesetzen, daß ihnen ein selbständiges Sein gegenübersteht, mit dem zwar positives Recht frei soll schalten und walten können, an dem es aber damit sachlich nichts ändert. Wir werden zeigen, sagt er, daß alle sogenannten rechtlichen Gebilde ein Sein besitzen, das unabhängig davon ist, ob es Menschen erfassen oder nicht, unabhängig von allem positiven Recht, und: Die rechtlichen Gebilde bestehen unabhängig vom positiven Recht, sie werden von ihm vorausgesetzt und benutzt. Um dieses Sein nun gleich auf den festesten Boden zu stellen, sucht er nach seinen apriorischen Grundlagen, die er für den Verkehr, sozusagen für die Bewegung, für das Dynamische,

setzgebung — hier sozusagen gefaßt — fließt, sondern auch neben ihr, unter Umständen gegen sie, die Quelle, aus der nicht erst das Recht und dann der Staat oder erst der Staat und dann das Recht, sondern beide zugleich fließen, die Quelle auch desjenigen Rechts, das mit einer unglücklichen Terminologie Gewohnheitsrecht genannt wird, ein Recht, das aus tatsächlicher Übung wohl erkannt, aber niemals aus ihr begründet oder gerechtfertigt werden kann, das vielmehr, wo es in solcher tatsächlichen Übung erkannt wird, schon den ersten Fall seiner praktischen Befolgung mit voller Kraft beherrscht hat. Hier ist mit einem Wort die Quelle des Naturrechts, wenn man den Ausdruck nur richtig versteht.

Nicht nur mit dem Menschen, mit jedem einzelnen, sondern auch mit jeder Form des Lebens und des Verkehrs ist sein und ihr Recht auch schon geboren, ehe Gewohnheit oder gar erst Gesetzgebung Gelegenheit gefunden haben, sich mit ihnen zu beschäftigen. Man denke sich, es wäre uns einmal gegeben, daß wir mit einem Schlage das Ganze unseres augenblicklichen Lebens mit seinen Zwecken und Zielen überschauen und erkennen, so hätten wir auch die Mittel in der Hand, das Recht zu finden, das für den gegebenen

---

in dem sozialen Akt, namentlich in dem reinen — von dem ethischen noch verschiedenen — Versprechen, für das Statische in dem Gehören (Besitz, Eigentum) als letzten Gegebenheiten findet. Ob es dem Verfasser gelungen ist, in seinen Aufstellungen durchweg ein a priori gefunden zu haben, das zugleich synthetisch ist, muß allerdings bezweifelt werden (vergl. hierzu Hermann Kantorowicz in Logos VIII S. 111 ff.). Das ist hier ohne Interesse. Wichtiger ist dagegen, daß der Gedanke auf die breitere Basis der ganzen Wirklichkeit des Lebens gestellt werden muß. So gefaßt ergänzt er vortrefflich das Thema des Buches von Somló. Beide Arbeiten fallen auf die beiden Seiten des Gegensatzes nun nicht von Sein und Sollen, sondern von Konkret und Abstrakt, beide suchen nach dem, was (logisch) vor und über dem Rechte steht, Reinach in den Wirklichkeiten der Lebensverhältnisse, Somló in dem Gedankenreiche des Systems. Beider Arbeiten berühren sich gar nicht. Darin hat Somló (Juristische Grundlehre 48 f.) ganz recht. Recht hat er aber nicht darin, daß er den Gedanken des Gegners auch sachlich ablehnt. Gerade Reinach brauchte sich um den wahren Begriff des Rechts nicht allzusehr zu quälen. Er suchte nicht nach den „notwendigen Voraussetzungen jedes Rechtsinhalts“, sondern nach den Voraussetzungen, welche ungeachtet aller Satzungen des positiven Rechts notwendig sind und bleiben. Und wenn Somló sagt, in einem Vertrage schlechthin eine apriorische Grundlage des Rechts zu sehen, sei nicht besser, als wollte man in der Tatsache der Geschlechtsverbindung oder des Gebärens eine solche Grundlage sehen, so kann man nur erwidern, immo, was anderes ist denn der Gegenstand unserer Ehegesetzgebung als die Verbindung von Mann und Weib, der es die rechtlich gesicherte Form zu geben gilt?

Zustand das geltende, wenn nicht ist, so doch sein sollte, und wir hätten dann zwar nicht ein Naturrecht im Sinne eines Rechts, das immer und überall gelten sollte, wohl aber das natürliche und einzig richtige Recht dieses gegebenen geschichtlichen Zusammenhanges. Aber der Gedanke ist nun nicht nur tatsächlich unausführbar, sondern er ist auch — so gefaßt — in sich widerspruchsvoll. Denn zu dem „gegebenen Zusammenhang" gehören — als gegeben also — vor allem und in größtem Umfange gerade auch jene in sich gefesteten Lebensverhältnisse, so wie sie vom positiven Recht tatsächlich gestaltet worden sind und gestaltet werden, die doch nun ihrer Form nach gerade erst gefunden und bestimmt werden sollen. Mit andern Worten, wie die Aufgabe etwas Absolutes voraussetzt, so läuft die Lösung auf etwas Absolutes hinaus, auf das Naturrecht in dem mit Recht verpönten Sinne. Wohl aber braucht, was im Ganzen unausführbar ist, es deshalb nicht auch im Einzelnen zu sein. Nehmen wir immer nur jeweilig das Einzelne, insbesondere das typisch Einzelne heraus und lassen daneben zunächst und jetzt das übrige gelten, so ist es nicht so schwer, den — allerdings nur bedingten — Zweck, die Funktion, die Idee dieses Einzelnen, vor allem des einzelnen Typischen zu erfassen, um nach ihr den Begriff und dessen Konsequenzen zu bestimmen. So kann man von dem einen zum anderen fortschreitend und sukzessive verfahrend damit zugleich am ganzen Bau, in dem alles miteinander im Verhältnis wechselseitiger Beziehung und Bedingtheit steht, ständig bessern und ergänzen. Hier fließt die Quelle des Naturrechts, nicht nur — in beschränkterem Umfange —, wenn es eine vom gesetzten Recht noch nicht ergriffene Form des Lebens zu meistern gilt, sondern vor allem auch in dem großen Raum des ganzen Gebietes, in welchen hinein die notwendig abstrakten Normen des positiven Rechts aus intellektuell-technischen Gründen nicht vordringen können, wenn sie sich nicht einer fehlerhaften Kasuistik hingeben wollen.

Man sieht hier wieder deutlich, daß es eine eigentliche Rechtsphilosophie nicht geben kann. Was sich — von einem unbewiesenen und falschen Begriff des Rechts ausgehend — als solche gibt, ist weit mehr als das. Die Aufgabe, welche nach dem Gesagten Rechtswissenschaft, Gesetzgebung und Praxis trifft, umfaßt so ziemlich alle Gebiete des gesellschaftlichen Lebens, mit denen sich nach dem Prinzip der Arbeitsteilung die verschiedenen Wissenschaften befassen, Biologie, Psychologie, Anthropologie, Geschichte und Statistik, Wirtschaftslehre usw., und wenn nun auch das Besondere der hier gestellten Aufgabe das Feld für eine zusammenfassende Sonderwissenschaft bietet, so sehen wir dieses Feld schon besetzt durch die Soziologie und Sozialphilosophie. Was die besondere überschauende und zusammenfassende Betrachtung der Dinge unter dem Gesichtspunkte des Rechts, d. h. unter dem Gesichtspunkt des Einflusses und der Bedeutung des Machtfaktors und der dadurch begründeten Festigkeit der Verhältnisse hinzufügen könnte, beschränkt sich auf die Frage nach den der Machtanwendung gesteckten Grenzen. Es ist der Gegensatz von Zwang und Freiheit, das heißt hier äußere Freiheit in der Betätigung der eigenen Kräfte und Wünsche des Menschen. Man wird den Wert dieser Freiheit nicht nur vom Standpunkt des Einzelnen aus, sondern auch im Interesse des Bestandes und der Aufbewegung des Ganzen nicht leicht zu hoch veranschlagen und ohne Bedenken den Grundsatz aufstellen, daß die Freiheit die intentio fundata für sich hat, daß Zwang nur insoweit herrschen soll, als es unter den gegebenen Verhätnissen unbedingt erforderlich erscheint. Mehr läßt sich a priori hierüber wohl nicht sagen. Alles weitere ist empirisch und Aufgabe der Politik. Macht sich aber die Philosophie daran, das Wesen des Rechts, das sie dabei für ein in sich selbständiges Kulturgebiet ansieht, aus seinem Inhalt zu bestimmen und so eine materiale Konzeption als die Idee „des Rechts" zu gewinnen, so unterfängt sie sich, wie wir schon sagten, die Idee des Lebens selbst, seinen Zweck und sein Ziel absolut zu erfassen. Das ist nicht ausführbar, ohne in Metaphysik zu geraten, und besten Falles erreicht man damit nicht mehr als eine unbeweisbare Weltanschauung.

Einen ebenfalls formalen, dabei aber positiv gewendeten Staatsgedanken vertritt **Rodbertus**, wie Dietzel ihn zusammenfaßt:[1]) „Der Staat soll die zentrale Organisation des sozialen Körpers sein. Das Wesen jeder Organisation aber besteht in der Kongruenz und Harmonie der Teile, deren jeder eine bestimmte, auf das Gesamtleben bezogene und mit der Tätigkeit aller übrigen Teile in Wechselwirkung stehende Funktion zu erfüllen hat. Je zentralisierter und arbeitsteiliger, desto vollkommener der Staat. Von seinem übersichtlichen Standpunkt aus kann und muß er das Tun der individuellen Vielheiten in Einverständnis und in Einklang setzen, als der formende Bildner der sozialen Materie, als die gesellschaftliche Vorsehung. Ihm gebührt auf allen Gebieten des sozialen Lebens die Initiative und dominierende Macht, auf dem Gebiete der intellektuellen und sittlichen wie auf dem der wirtschaftlichen Kultur." Es ist klar, mit diesem Gedanken und neben ihm besteht notwendig der Gedanke der persönlichen, individuellen Bewegungsfreiheit, das unentbehrliche Element für jeden psychologischen und ethischen Antrieb, für jeden Fortschritt,

[1]) Dietzel, K. Rodbertus, II S. 47.

jede Entwicklung. Man kann bestreiten, das er das Höchste, Wertvollste ausspricht. Aber daß er es ist, der hinter keinen anderen zurückgesetzt werden darf, sollte nicht verkannt werden. Gewiß kann man an einer Maschine vieles verbessern und vervollkommnen. Aber die erste Sorge bleibt doch immer, daß sie überhaupt in Gang kommt und in Bewegung bleibt. Übrigens aber steckt in allem, was Rodbertus im Auge hat, noch nichts vom Recht im eigentlichen Sinn. Das ist alles Politik und Soziologie. Das Recht erwacht erst an dem im Gesagten allerdings vorausgesetzten oder in ihm einbegriffenen Moment der Gewalt.

Lassen sich dem Machtbereich des Staates innerhalb des dem Zwange überhaupt zugänglichen Gebietes des Lebens in allgemeingültiger und notwendiger Weise Grenzen nicht ziehen, so ist nun allerdings doch in anderer Richtung dem Recht vermöge des ihm innewohnenden Prinzipes der Gesetzlichkeit eine ganz bestimmte und wichtige Schranke gezogen. Das Recht beherrscht das Leben, nicht den Stillstand, sondern das unausgesetzt in Bewegung befindliche Leben, den Verkehr, den Austausch von sachlichen Gütern und persönlichen Leistungen, es schützt auch den Genuß der erworbenen Güter. Aber eines ist seine Aufgabe nicht, die Güterverteilung, die vielmehr nur mittelbar und sehr künstlich auch unter seinem Einfluß steht. Ist das Recht die von der Vernunft getragene Ausübung der staatlichen Gewalt, so setzt die Anwendung dieser so geleiteten Gewalt stets einen schon gegebenen Zustand der Güterverteilung voraus. Wie schon gesagt wurde, ist historisch sicherlich niemals der Fall eingetreten, wo das Recht mit einem Schlag hätte einsetzen können, um einem bis dahin zwangsfreien Zustande eine feste Ordnung zu geben. Aber in Wahrheit stünde das Recht seinem Wesen nach einer solchen Aufgabe auch hilflos gegenüber. Selbst wenn es in der Lage wäre, Richtung und Ziel zu bestimmen, so würde es ihm doch an jedem Prinzip des Ausganges, des Punktes, von dem auszugehen wäre, fehlen. Denn seinem Wesen nach muß es gesetzlich und gerecht verfahren. Und wie sollte es das an dieser Stelle, am allerersten Anfange alles Sozialen tun? Selbst das auf den ersten Blick so naheliegende — übrigens aber auch einzig denkbare — Prinzip der Gleichheit wäre unannehmbar und unausführbar. Denn was heißt Gleichheit? Die Menschen sind von Natur ungleich, daran kann niemand, auch das Recht nichts ändern: ἡ φύσις ἐβούλεθ', ἧ νόμων οὐδὲν μέλει (Euripides). Mann und Weib, alt und jung, klug und simpel, gesund und krank, stark und schwach an Körper oder an Seele. Was heißt demgegenüber Gleichheit? Gleichheit trotz Ungleichheit oder Gleichheit nach Ungleichheit, also doch wieder Ungleichheit. Warum jenes? Wäre das gerecht? Und wenn dieses, nach welchem Maß und Maßstab? Für die Spielereien der Utopie ist das Recht eine viel zu ernsthafte Sache. Man denke sich auch nur in die einfachsten Verhältnisse nach kahlstem Schema hinein, man stelle sich die Neubegründung einer reinen Bauernkolonie vor: Was hieße denn da eine „gerechte", eine unbestreitbar und absolut gerechte Verteilung? Ganz abgesehen davon, daß die Menschen doch nicht nackt ankommen, sondern irgendwelche Habe schon mit sich bringen, wie soll man auch nur die Landlose verteilen? Sollen Mann und Frau 2 Lose, eine Familie zu 5 Köpfen 5 Lose erhalten? Der Mann ebensoviel wie die Frau, das neugeborene Kind ebensoviel wie sein Vater? Oder soll man nach Familien teilen? Sollen kinderlose Ehepaare und wiederum solche, deren Kinder erwachsen sind, dasselbe erhalten wie eine Familie von 6, 8, 10 Köpfen? Und wo bleiben und was bekommen die Ehelosen? Und nun die Auswahl der Felder. Man mag noch so sorgfältig „bonitieren", vieles gibt es, was sich auf einen gemeinschaftlichen Nenner schlechterdings nicht bringen läßt. Und schließlich, wenn auch das alles gelungen wäre, käme die ganz inkommensurable Skala der persönlichen Neigungen und Wünsche. Ich brauche das nicht noch in Anwendung auf entwickeltere und verwickeltere Verhältnisse weiter auszumalen. Ich will das auch gar nicht. Denn dahin geht gar nicht die Richtung des Gedankens. Nicht die Unausführbarkeit der Sache, sondern die Unrichtigkeit des Gedankens ist es, worauf ich hinauswill. Selbstverständlich sind solche Dinge für einen energischen und entschlossenen, auch für einen ehrlichen Willen nicht unausführbar. Nur eine Sache des R e ch t s ist das nicht. Für das Recht ist das Prinzip der Gleichheit als solches von vornherein unklar und, wenn auch klar gefaßt, ein innerer Widerspruch. Es ist ein zu kurzer, vorschneller Gedanke. Die Gleichheit als Rechtsprinzip gedacht müßte, wenn vielleicht auch nicht von ewiger Dauer sein, doch die Idee der Dauer in sich tragen. Wie könnte eine Gleichheit den Anspruch erheben, die Gerechtigkeit in sich zu tragen, die offenbar fast in dem Moment schon wieder über den Haufen geworfen ist, wo sie ins Leben tritt. Denn täglich sterben Menschen und werden neue geboren. Jeder Bauer weiß, daß ein Grundstück in der Hand des einen ganz etwas anderes bedeutet als in der Hand des anderen. Wer geschickte Hände hat, wird lieber und besser Säge und Axt oder den Schmiedehammer oder die Nadel führen als den Pflug. Man verbohrt sich ideologisch, wenn man verkennt, daß auch, was die Güterverteilung angeht, die Ungleichheit, sofern sie nur nicht erstarrt, ein Salz des Lebens ist, ein mächtiges, unentbehrliches, wertvollstes Stimulans, ohne welches die Gesellschaft in Stillstand und Rückschritt verfallen würde, als Gesellschaft gar nicht vorzustellen wäre. Gerechtigkeit in allen Ehren. Aber unmöglich kann ungerecht sein, was mit den naturnotwendigen Grundlagen unseres Lebens untrennbar verbunden ist. Und wenn es uns doch so scheint, dann hapert es allerdings. Aber nicht in den Dingen, sondern in den Köpfen.

Gibt es keinen unbedingt richtigen Maßstab, gibt es keine Art der Güterverteilung, von der man sagen könnte, so und so allein muß sie sein, so ist damit nicht gesagt, daß es nicht sehr viele Arten von Güterverteilung gibt, von denen man sagen kann, daß sie so allerdings nicht sein sollen, daß sie — im ethischen Sinn — ungerecht sind. Letzteres etwa dann, wenn sie Schichten der Bevölkerung zum Vorteil anderer des Maßes von Gütern beraubt, dessen sie nach Verhältnis ihres Kulturzustandes bedürfen, ersteres, wenn sie unter dem geltenden Recht droht, zu diesem Zustand zu führen, ferner etwa insoweit sie die Technik der Wirtschaft, der Produktion usw. in der natürlichen Entwicklung beeinträchtigt und an der möglichen, dabei erforderlichen oder wünschenswerten Entfaltung hindert. Aber das sind nun eben nicht Fragen des Rechts, sondern der Politik. Einer klugen, voraussehenden Gesetzgebung wird es unter Umständen gelingen, auf dem geordneten Wege des Rechts, innerhalb der Grenzen der Bewegungsfreiheit, die es gewährt, der Anhäufung von Gütern auf der einen, dem Abfluß auf der anderen Seite vorzubeugen. Soweit das aber nicht gelingt — und schwierig genug ist das —, soweit es beispielsweise bei einer Kolonisation zu einer vollständigen oder aber — wie etwa bei den Gracchischen Reformversuchen — innerhalb einer bestehenden Ordnung zu einer teilweisen Neu- und Umverteilung kommt oder kommen soll, handelt es sich nicht um eine Frage des Rechts und seiner Gerechtigkeit, sondern um Fragen der Moral, der Nützlichkeit und Zweckmäßigkeit, Zweckgebotenheit. Denken wir uns den Lauf des Lebens in einer aufsteigenden Richtung und nennen wir den jeweiligen Durchschnitt in horizontaler Richtung und damit den jeweiligen Stand der Güterverteilung das statische, die Aufwärtsrichtung das dynamische Moment, so ist für ersteres das Recht nur indirekt, der Jurist überhaupt nicht verantwortlich. Es ist die B e w e g u n g, die vom Recht beherrscht wird. Das Recht soll gerecht, d. h. nach allgemeingültigen notwendigen Normen verfahren und ist daher begriffsnotwendig darauf angewiesen, immer von einen i h m g e g e b e n e n Zustand auszugehen, und nur das könnte seine hohe Aufgabe sein, seine Normen so zu konzipieren, daß der durch sie der freien Betätigung der einzelnen gewährte Spielraum nicht zu einer nach obigem unerträglichen und verwerflichen Verschiebung der Güterverteilung führt.

V.

Aber was heißt: Wille des Staates, von dem wir bisher wie von einer gegebenen und bekannten Sache gesprochen haben? Daß er gegeben ist, wird niemand bestreiten können, daß er bekannt wäre, so leicht niemand behaupten. Wieder stehen wir vor einem der großen Probleme der Rechtswissenschaft, zu dem nun von dem hier vertretenen Standpunkt aus kurz Stellung genommen werden soll, um zu einem Abschluß zu kommen.

Vorweg sei folgendes hervorgehoben: Es ist ganz selbstverständlich, daß wir, wenn wir dem Staat einen Willen zuschreiben, damit zugleich für ihn einen Intellekt, überhaupt ein Bewußtsein, eine Seele in Anspruch nehmen. Nur zu leicht und zu oft wird verkannt, daß das, was wir Willen nennen, nur eine durch Abstraktion unserer Erkenntnis nähergebrachte, aus dem Ganzen der Erschauung in Gedanken herausgehobene und der Betrachtung zugänglicher gemachte Seite des seelischen Vorganges ist. Metaphysisch liegt es vielleicht anders. Wenigstens wird es behauptet. Für Empirie und Wissenschaft gibt es im Bewußtsein keinen Vorgang des Willens, der nicht zugleich Vorstellung und Gemütsbewegung wäre, wie es andererseits keine Wahrnehmung, keine Vorstellung gibt, an der nicht zugleich — frei oder unfrei — der Wille beteiligt wäre. Der Streit zwischen Intellektualismus und Voluntarismus leidet unter der Verkennung dieses Sachverhaltes. Oft kämpfen da Wille und Vorstellung wie zwei Wirklichkeiten miteinander um die Herrschaft, ein Wille, der doch nicht wollen kann, ohne etwas zu wollen, d. h. ohne zu denken, gegen ein Denken, das gar nicht ist, wenn es nicht gewollt wird. Statt das Problem zu lösen, verlegt man und verdoppelt es nur, indem man die Erscheinung verdoppelt. In dem einen, großen Menschen sitzen nun zwei kleine, und man streitet, wer von den beiden die stärkeren Fäuste hat.

Es spielt hier noch eine andere Zweideutigkeit hinein, die unsere Sprache durchzieht und unaufhörlich zu Irrtum und Mißverständnis Veranlassung gibt. Wie wir die Dinge nur verstehen, indem wir sie begrifflich, d. h. durch Abstraktionen, erfassen, so bezeichnen wir sie auch mit diesen Begriffen. Nicht in der Form, nicht sprachlich, aber sachlich ist es dann ein Unterschied, ob wir den Begriff meinen, das Begriffliche am Ding oder das Ding selbst in seiner Totalität, und das spielt in der hier einschlägigen Lehre von der juristischen Person eine bedeutsame Rolle. Gewiß ist Person, Persönlichkeit etwas Abstraktes. Wenn wir den Menschen so nennen, so haben wir nicht die Totalität seines Wesens genannt. Es gibt an ihm viele Seiten, die der Ausdruck nicht bezeichnet, wobei freilich die Grenzziehung unsicher ist. Es ist doch wohl nicht an dem, daß, wie oft behauptet wird, sich die Persönlichkeit auf die Fähigkeit, Rechtssubjekt zu sein, beschränkt. Daß nicht nur sein Wollen, sondern auch sein Denken und Fühlen dahin gehört, ist selbstverständlich. Denn diese Dinge sind überhaupt nicht zu trennen. Sein ganzer geistiger Habitus ist gemeint, wenn Goethe sagt, höchstes Glück der Erdenkinder sei nur die Persönlichkeit, alles könne man verlieren, wenn man bliebe, was man ist. Mancher wird geneigt sein, den Intellekt auszuschalten. Ob die ästhetische Seite der äußeren Erscheinung hierher gehört, ist vielleicht auch nicht ohne weiteres zu verneinen. Ganz gewiß dagegen scheidet die gesamte animalische Seite seiner Existenz aus. So zeigt sich, wie unsicher die Begrenzung bei einer uns so geläufigen und vermeintlich sicheren Abstraktion ist. Doch das nur nebenbei. Dabei verbleibt es, daß Person, Persönlichkeit Abstraktionen sind, letzteres obendrein gewissermaßen Abstraktion in der Potenz. Denn sprachlich genau genommen, ist Persönlichkeit nur das substantivierte Adjektivum, das seinerseits erst dem Begriff der Person entnommen ist. Aber trotz alledem ist es bei weitem nicht immer an dem, daß wir, wenn wir von Persönlichkeit sprechen, damit das Abstraktum meinen. Es kann ebensogut das Konkretum gemeint und mit dem Abstraktum nur bezeichnet sein. Darum ist es eine Selbsttäuschung, wenn man glaubt, dem Problem der juristischen Person damit auch nur einen Schritt näher gekommen zu sein, daß man darauf hinweist, daß die natürliche Person nicht minder wie die juristische nur eine Abstraktion sei, darum bei dieser nicht unerklärlicher oder ebenso erklärlich wie bei jener. Keine Dialektik vermag den Unterschied zu verwischen, der zwischen dem einzelnen Menschen und der Gesamtperson besteht. In Frage steht die Wirklichkeit, die konkrete Persönlichkeit in ihrer Totalität, wie ja auch zweifellos beim einzelnen Menschen der Grund seiner „Persönlichkeit" seine Menschheit ist, und das Problem lautet: Was berechtigt uns, eine Mehrheit in dem gleichen Sinne für ein Einheitliches und Einzelnes zu halten, wie der Mensch uns als etwas Einheitliches und Einzelnes unmittelbar gegeben ist? Diese letztere Einheitlichkeit und Vereinzelung liegt für unseren Standpunkt, der nicht Metaphysik ist, im Psychologischen, und daher wird das Problem gelöst sein, wenn es gelingt, zu zeigen, daß in der Wirklichkeit psychologische Tatbestände sind, welche jene Zusammenfassung und Vereinzelung enthalten. Auch hier zeigt sich — wir sprachen schon davon und kommen darauf zurück —, daß die im Begrifflichen so scharf gezogenen Grenzen in der Wirklichkeit verschwimmen. Individuelles und Soziales liegen im Menschen untrennbar miteinander verquickt und — in den Einzelnen wiederum unendlich verschieden — sich gegenseitig bestimmend neben- und ineinander. Nur ein ganz Großer wäre hier vielleicht imstande, ohne allen Schematismus das Ganze zugleich und alles Einzelne zu ergreifen und es auseinander- zugleich und zusammenhaltend in genialer Intuition das richtige Verhältnis zu erschauen, wie es ist und wie es sein soll. Und wenn es einen solchen Kopf gäbe, so müßten es schon ebenso starke Köpfe sein, denen er sich auch nur mitteilen und verständlich machen könnte. Dem gewöhnlichen Sterblichen ist es nicht gegeben. Hilflos pendelt der Intellekt zwischen beidem hin und her, und nur ein starker Wille und ein sicheres Fühlen vermag von Fall zu Fall eine sichere, und zwar nicht mehr als eine sich ihrer selbst sichere, Entscheidung zu treffen.

Also wir fahnden nicht nach einem abstrakten Willen des Staates. Noch weniger ist uns mit der juristischen Konstruktion eines solchen Willens gedient, einer Reinkultur des Homunkulus in der Retorte des Adepten. Nein, der Wille des Staates ist wirklicher lebendiger Wille, oder er ist überhaupt nicht. Dabei kommt hier der Wille nicht in dem oben erwähnten engeren psychologischen, sondern im praktisch-ethischen Sinne in Frage. Nicht der Wille als das Bewegende in der Innervation des Motoriums interessiert hier, sondern der auf den Erfolg im Tun und Lassen anderer, der auf das Tun und Lassen der Einzelnen oder der Gruppen von Einzelnen gerichtete Wille, der in diesem Tun und Lassen auch da wirksam wird, wo er zur Zeit, wo gehandelt oder nicht gehandelt werden soll, im Bewußtsein des Wollenden nicht gegenwärtig ist, es vielmehr genügt, daß die Einzelnen, die es angeht, den fremden Willen, den Befehl vor sich und im Bewußtsein gegenwärtig haben oder haben sollen.

Nun scheint es freilich unumstößlich zu sein, daß wir keinen anderen Willen kennen als den Einzelwillen. Gerade die hier vertretene, in einem gewissen Sinne — d. h. unter dem Vorbehalt der Einschränkung auf das Gebiet der Rechtswissenschaft — positivistische Auffassung scheint zu nötigen, das anzuerkennen. Metaphysisch mag das anders liegen, und ich persönlich bin überzeugt, daß jede einigermaßen in die Tiefe gehende philosophische Besinnung sehr bald zu der Erkenntnis führen muß, daß der Einzelne, das Individuum, das Ich nicht eine letzte Gegebenheit sein kann, daß, was wir aus eigenem sind, aus eigenem zu denken und zu fühlen und zu wollen meinen, aus einem Schoße fließt, den wir uns vergebens bemühen, zu ergründen, und daß das uns vermeintlich so vertraute Ich die Summe aller Probleme ist, die Stelle, in welche alle Probleme zusammenfließen. Aber um so mehr und um so gebieterischer bleibt es dabei, daß empirisch dieses Ich und, da ich nicht allein in der Welt bin, die Iche, die Einzelnen eine letzte Gegebenheit sind, wo wir dann für jeden Willen sein individuelles Subjekt, sein ihm unentbehrliches Gehirn finden, auf welches dann wiederum dieser Wille beschränkt zu sein scheint. Aber so richtig das ist, so wenig beweist es doch gegen die Existenz eines Gesamtwillens.

Allerdings ist mit dem oft gehörten Satze, daß das Ganze nicht identisch ist mit der Summe seiner Teile, nichts gesagt. Hat man wirklich nur Stücke, unzusammenhängende Teile vor sich, so mag man sie in Gedanken zusammenfassen, soviel man will, man gelangt damit immer nur zur Summe, nie zu einem Ganzen. Daher ist denn auch der Satz zwar richtig, aber völlig unfruchtbar, weil er zwei Dinge als unterschieden gegeneinanderstellt, die ganz disparater Natur sind. Es ist, um ein krasses Beispiel zu geben, als wollte man sagen, der Mut ist kein Viereck. Der Satz wäre richtig und doch grundfalsch. Das Ganze ist etwas Konkretes, Wirkliches. Das sind die Teile auch. Aber nicht so die Summe seiner Teile. Die Summe ist eine Zahl und wie jede Zahl etwas absolut Abstraktes, etwas, das *nur* in Gedanken existiert. Man könnte sich an einem Beispiel die Sache so vorstellen, daß man 500 Äpfel vor sich hat, das eine Mal verstreut auf dem Erdboden, das andere Mal gesammelt in einem Korb. Man könnte meinen, hier einen Scheffel Äpfel vor sich zu haben und damit ein Ganzes, dort nur die Summe von 500 einzelnen. Gewiß unterscheiden sich beide Fälle. Hier existieren die Äpfel unter ganz anderen Verhältnissen als dort. Die unteren liegen unter Druck, die oberen frei, diese luftig und hell, jene abgeschnitten von der Luft im Dunkel, und jedermann weiß, wie wichtig das für die Erhaltung des Obstes werden kann. Und doch wäre es ein falsches Bild. Auch der Scheffel Äpfel ist, wenn man sie auch nicht ohne weiteres auszählen kann, eine Summe, und auf dem Boden ausgeschüttet liegend, sind die Äpfel weit entfernt, untereinander ohne sachliche Beziehung zu sein. Wenn auch für unsere Zwecke weniger bedeutsam, stehen sie auch so in wechselseitiger Beeinflussung nach allgemeinen Naturgesetzen.

Wenden wir das auf die menschliche Gemeinschaft an, so ist damit, daß wir den ganzen psychischen Tatbestand als die Summe aller einzelnen Tatbestände nehmen, für den gegebenen Sachverhalt nichts gesagt. Wir haben nur gezählt, während wir andererseits nicht wüßten, woher wir das Recht nehmen sollten, diese Vielen für ein Ganzes zu nehmen, wenn nicht eben aus den Einzelnen, aus dem, was wir an diesen haben. Und in der Tat liegt es ja auch dort. Uns ist eine andere als soziale Existenz von Menschen nicht bekannt. Im absoluten Sinne — also nicht im Sinne eines aus der Welt verschlagenen, also doch aus einer Welt kommenden Robinson — ist sie unausdenkbar und, sofern wir nur am Menschen als solchem festhalten, unmöglich. Vieles mag der Einzelne ausschließlich für sich und aus sich besitzen, wennschon wenigstens letzteres mehr als zweifelhaft ist. Jedenfalls aber ist sein geistiges Wesen völlig durchsetzt mit Gemeinschaftlichem, mit einem Stoff, wo fremdes Bewußtsein in das eigene aufgenommen, eigenes an das fremde abgegeben wird und nun hüben wie drüben ganz in dieser Wechselwirkung lebt. Lange hat die Menschheit diese Stoffmengen übersehen oder verkannt. Ein sich seiner selbst sicherer, in Wahrheit befangener Rationalismus hat, vom Einzelnen ausgehend — wogegen an sich noch nichts einzuwenden wäre —, diesen Einzelnen als das Gegebene hinnehmend, mit dieser nur in Gedanken vorgenommenen Isolierung nun aber nicht nur die verbindenden Fäden durch-, sondern auch von dem Material selbst mit fortgeschnitten und mußte dadurch allerdings in Schwierigkeiten geraten, die so verstümmelten Stücke zu einem Ganzen wieder zusammenzufügen. Gehen wir hier vorsichtiger und richtiger vor, so brauchen wir, um zu einem Gesamtwillen zu gelangen, gar kein anderes Substrat als eben die in Gesellschaft verbunden lebenden Einzelnen, kein anderes als die Summe dieser Einzelnen, wie man sich gern ausdrücken mag, wenn man nicht vergißt, mit dem Einzelnen den vollen Tatbestand dieses Einzelnen einschließlich alles dessen, was ihm mit den anderen gemeinsam ist, hineinzunehmen. Dem Metaphysiker wird das nicht genügen. Er ist nicht darum verlegen, ein Mehreres zu finden. Aber ihn wollen wir nicht und brauchen wir nicht. Es ist ein hervorragender Vertreter exakter Naturwissenschaft, kein Geringerer als Wilhelm Wundt, der die Auffassung vertritt, daß die einzelne selbstbewußte Persönlichkeit unter einem doppelten Einfluß steht, dem Einfluß der allgemeinen äußeren Naturbedingungen und dem des Wollens anderer gleichartiger Persönlichkeiten, mit denen sich der einzelne Wille in der Erstrebung gleicher Zwecke begegnet, bald in Einklang mit ihnen, bald aber auch in Konflikt. „Hier verwandelt nun aber die Gleichheit der individuellen Erlebnisse die gesonderten Bewußtseinsinhalte der einzelnen Persönlichkeiten in eine umfassendere Einheit, in welcher sich der individuelle Wille selbst als Bestandteil eines Gesamtwillens wieder findet, von dem er in seinen Motiven und Zwecken getragen ist. Was vom Standpunkt des Individualwillens aus als eine Summe geteilter und teilweis einander widerstrebender Kräfte erscheint, das stellt sich nun im Lichte dieses Gesamtwillens als eine allgemeine Einheit dar, innerhalb deren in jedem Einzelnen neben den ihm eigenen Strebungen vor allem auch die Motive und Zwecke wirksam sind, von denen die Gemeinschaft erfüllt ist.... Überall wo Menschen mit gleichen Anlagen und unter gleichen Naturbedingungen zusammenleben, müssen von selbst Vorstellungen und Gefühle einen wesentlich übereinstimmenden Inhalt gewinnen. In nichts äußert sich dies deutlicher als in der ursprünglichsten aller gemeinsamen Lebensäußerungen, in der Sprache. Wie diese eine allgemeine menschliche Funktion ist, so bildet aber, soweit wir die Entwicklung zurückverfolgen können, die Gemeinschaft überall eine die individuelle Persönlichkeit ergänzende und in sich aufnehmende Form des menschlichen Lebens." Und nun beschreibt Wundt, wie aus der primitiven Horde, in der die individuelle Persönlichkeit fast noch ganz verschwinde, sich eine Gentilverfassung entwickelt: zwischen den einzelnen Gemeinschaften komme es zu Wechselwirkungen, es bildeten sich verschiedene Gemeinschaftsformen, die gleichzeitig übereinandergreifen, so daß der Einzelne mehreren Lebensformen zu gleicher Zeit angehöre und in jeder derselben, in Familie, Sippe, Stamm zugleich mit einem Teil seiner einem Gesamtwillen unterworfenen Instinkte wurzele; den letzten entscheidenden Schritt tue endlich die staatliche Organisation, die einerseits die individuelle Selbständigkeit erhöhe, andererseits aber den Sonderbestrebungen der Individuen und Einzelverbände dadurch entgegentrete, daß sich in ihr erst der zuvor nur instinktiv seine Zwecke verfolgende Gesamtwille seiner eigenen, der Einzelpersönlichkeit überlegenen Macht bewußt werde, so daß nun den selbstbewußten Willen der Einzelnen ein in der allgemeinen Rechtsordnung seinen (richtiger wohl: einen) Ausdruck findender selbstbewußter Gesamtwille gegenübertrete. Lassen wir in diesen Ausführungen den einen, oben im Druck hervorgehobenen Satz, daß sich die Gleichheit der individuellen Erlebnisse der Einzelnen in eine umfassende Einheit und damit in einen Gesamtwillen verwandle, beiseite, so ist klar, daß wir nichts vor uns haben als eine exakte Beschreibung und Zusammenfassung ganz positiver Dinge.

Der Einzelne nimmt nicht nur die Objekte der Natur in sein Bewußtsein auf und hinein, die in dieser Form ein Teil seiner selbst werden, sondern auch seinen Nächsten, die Menschen seines Verkehrs — unmittelbaren wie mittelbaren — und was in ihnen vorgeht. Auch das wird ein Stück seines eigenen Seelenlebens, und nicht nur ein Stück davon, es gibt übergreifend seinem ganzen eigenen Ich in entschiedener, mehr oder weniger umfangreicher Weise Färbung. Und wie er nimmt, so gibt er, so daß, wenn man die Sache richtig sieht, man Mühe hat, nicht die Einzelnen, d. h. den Bewußtseins-, den Seelengehalt der Einzelnen, zu einem Ganzen zu fügen — die liegen vielmehr ineinander verschlungen nunmehr offen zutage —, sondern vielmehr den Einzelnen aus dem Ganzen zu isolieren und auf sich zu stellen. Diese Dinge sind doch. Sie sind so unmittelbar gegeben, so selbstverständlich, sie liegen so tief und verankert, daß es gerade darum gewesen ist, daß es Jahrhunderte und Jahrtausende gedauert hat, bis zunächst hin und wieder einer, dann mehrere, schließlich viele — aber freilich viele auch nicht — sie gesehen haben, um nun gar nicht mehr zu verstehen, wie man sie übersehen kann. Es bedarf gar keiner Spekulation, ob Summe oder Ganzes. Hier entscheidet das Leben und die Wirklichkeit. Freilich ist es nicht leicht gewesen, die Sache zu entdecken. Nun, wo das geschehen ist, sehen wir, wie sich hier im Makrokosmus begiebt, was — uns allen so bekannt — im Mikrokosmus geschieht. Zwei Seelen wohnen in meiner Brust, die oft miteinander einen Kampf führen, den ich durch viele Abstufungen hindurch bald leicht bestehe, bald qualvoll empfinde. Viel deutlicher und handgreiflicher, materialisierter begiebt sich dasselbe hier durch die Verteilung auf und über die Individuen, sinnlich wahrnehmbar in den Einzelvorgängen dieses Seelenlebens des Ganzen. Es ist das Spiel zwischen Attraktion und Repulsion. Es fragt sich, was in der Gesamtwirkung überwiegt. Und es zeigt sich, daß überall und ohne Ausnahme die Attraktion das stärkere ist, insofern als in einem gewissen — bald größeren, bald geringeren — Umfange ein Zusammenhalt immer besteht, während erst in den auf diesem festen Boden im einzelnen sich aufbauenden und daran anschließenden Zusammenhängen die abstoßenden Kräfte stärker werden und nunmehr neben Vereinigung Trennung in die Erscheinung tritt. Nicht weil wir die Massen eines Volkes als ein Ganzes auffassen, gelangen wir zu dem Begriffe des Staates, sondern wo sich in einer Gesamtheit die Einzelnen mit jener Stärke der Empfindung vereint fühlen, die zur Tat wird, haben wir ein Ganzes, den Staat. Darin haben wir dann zugleich die Substanz des Staates. Nicht weil wir einen Staat haben, müssen wir nach einem Staatswillen suchen, sondern weil eine Nation es zu einem Gesamtwillen gebracht hat, hat sie sich den Staat geschaffen. Das ist alles ganz positiv. Auch nicht eine Spur von Spekulation steckt darin.[1]) Auch einer „Umwandlung" zu einem Gesamtwillen, von der Wundt unklar spricht, bedürfen wir nicht. Es braucht sich nichts umzuwandeln, es kann alles so bleiben, wie es ist. Nur müssen wir lernen, es zu sehen.

Dagegen deutete ich schon eine andere Korrektur an. Staat und Gesellschaft sind als konkrete Wirklichkeit eines und dasselbe. In der Gemeinschaft des Menschen haben wir, wenn wir sie auf das Einzelne hin, nicht nur auf das Individuelle, sondern auch auf die Gruppierungen von Individuen und deren Mit- und Gegeneinander hin betrachten, die Gesellschaft vor uns. Der Staat ist die Gemeinschaft, wenn wir sie als das Ganze verstehen, von ihrer Ganzheit aus betrachten, ein Ganzes, das als solches nicht nur nach außen, anderen Staaten gegenüber, sondern auch nach innen, den Teilerscheinungen als solchen gegenüber ein selbständiges Dasein führt und wirklich ist. Dieses Dasein ist volles Leben, nicht nur Wille, und als Wille nicht nur Machtwille und auch als Machtwille nicht nur Rechtswille. In der Rechtsordnung mag am augenfälligsten die Macht und der Wille des Staates in die Erscheinung treten. Aber sie ist doch weit entfernt, der einzige Ausdruck seines selbstbewußten Gesamtwillens zu sein, wie Wundt anzunehmen scheint.

---

[1]) Den gleichen Gedanken, aber metaphysisch gewendet und allerdings auch noch in ganz anderer Richtung verwertet, lese ich bei Hans Freyer, Das Problem der Utopie (Deutsche Rundschau 1920 I S. 321 ff.), der in Anschluß an Fichte (Der Nebel der Verblendung fällt von meinen Augen; ich erhalte ein neues Organ und eine neue Welt geht in demselben mir auf) sagt: In ihr ist rein und bloß der Wille, wie er im geheimen Dunkel meines Gemütes vor allen sterblichen Augen verschlossen liegt, erstes Glied einer Kette von Folgen, die durch das ganze unsichtbare Reich der Geister hindurchläuft. Aber in ihr kann auch nie der Wille, nie das Aufblitzen einer guten Regung verloren und ohne Folgen sein. Ein universeller, über alle Vorstellungen erhabener Wille umfaßt mich und alle Vernunftwesen. Er vernimmt unfehlbar und unmittelbar meine geheimsten Gesinnungen. In ihm hat mein Wille schlechthin als Wille und ohne alle fälschende Vermittlung sinnlichen Materials unausbleibliche und unverlierbare Folgen. Diese sittliche Welt ist nicht ein zukünftiger Himmel für mich jenseits des Grabes, sondern ich lebe schon jetzt in ihr, weit wahrer als in der irdischen Welt, denn ihr und ihren Gesetzen gehöre ich mit dem Teil meines Wesens zu, der allein wertvoll ist. Das ist die Geburt des zweiten Reiches aus dem Geiste der moralistischen Sittlichkeit.

Ich meine, mit meiner Auffassung von dem Wesen der Gesamtperson auf dem Boden der Theorie Gierkes zu stehen, wie er sie in seiner Rektoratsrede über das Wesen der menschlichen Verbände zusammengefaßt entwickelt hat. So ausgeprägt auch die Gegensätze von Genossenschafts- und Herrschaftsprinzip sind, so ruhen doch beide auf dem Grunde des Gesamtwillens. Es sind inhaltliche Unterschiede des Denkens, Wollens, Fühlens, aber die Wurzel ihrer Geltung und Kraft liegt immer in dem gleichen psychologischen Tatbestand. Binder[1]) hat der Theorie Gierkes die Eigenart abgesprochen. Er meint, im Grunde laufe sie auf nichts anderes hinaus als die romanistische Lehre von der juristischen Person. Sie sei wie diese Fiktion. Sie unterstelle ebenfalls eine Persönlichkeit, die in Wahrheit nicht existiere, in der Wirklichkeit nicht aufzufinden sei. Ich brauche dem gegenüber gar nicht darauf hinzuweisen, wie ich im vorstehenden das Gegenteil nachgewiesen zu haben glaube. In sich ist Binders Beweisführung fehlerhaft. Es sei nichts weiter, sagt er, als ein nichts beweisendes Bild, wenn man den Staat als einen Organismus bezeichne. Nichts habe er mit dem gemein, was biologisch ein Organismus sei; daß es nur ein Vergleich sei, gebe Gierke selbst zu. In dieser Beziehung sagt Gierke: Allein wir betrachten das soziale Ganze gleich dem Einzelorganismus als ein Lebendiges und ordnen das Gemeinwesen zusammen mit dem Einzelwesen dem Gattungsbegriff des Lebewesens unter. Ferner: Der Vergleich sagt nichts weiter, als daß wir in dem gesellschaftlichen Bürger eine Lebenseinheit eines aus Teilen bestehenden Ganzen erkennen, wie wir sie außerdem nur bei den natürlichen Lebewesen wahrnehmen. Hiergegen wendet nun Binder ein, die Gesamtperson sei danach also kein reales Lebewesen, sondern ein „erkanntes", ein „betrachtetes" Lebendiges, eine Person, deren Existenz ausschließlich auf der menschlichen Vorstellung beruhe; so erscheine Gierkes Gesamtperson als eine Personifikation, wenn man wolle, eine Anthropomorphisierung, ein glänzender Versuch, der juristischen Person Leben einzuhauchen, scheiternd indessen an der Tatsache, daß die juristische Person nun eben kein natürlicher Organismus sei. Daß die Gesamtperson etwas „Erkanntes" und „Betrachtetes" ist, versteht sich von selbst. Anders als begrifflich können wir Dinge überhaupt nicht erfassen. Darum muß ihnen keineswegs die Realität fehlen. Doch das nur nebenbei: Binder übersieht vollkommen, daß die Theorie von der Gesamtpersönlichkeit als einer lebendigen Wirklichkeit nicht mit der Charakterisierung dieser Wirklichkeit

[1]) Das Problem der juristischen Persönlichkeit, 1907.

als Organismus steht und fällt, namentlich dann nicht, wenn man sich unter diesem Organismus eine Struktur vorstellt, die sich dem biologischen Organismus allzusehr nähert. Es ist nur ein Nebenpunkt, es ist diese Frage zweiten Ranges, ob die Analogie mit dem Organismus erlaubt oder wie weit sie durchzuführen sei, an welchem die Beweisführung Binders einsetzt und über welchen sie nicht hinauskommt. Mag die Gesamtperson ein Organismus immerhin nicht sein, so muß sie doch darum nicht aufhören, der Tatbestand einer existierenden psychologischen Einheit zu sein. Dieser psychologische, d. h. also dieser selbstverständlich nur in den Individuen wirklich gegebene und von dort zu entnehmende Tatbestand hätte bei Gierke vielleicht noch deutlicher herausgehoben und schärfer umrissen werden können. Aber in Allgemeinheit ist er doch eindringlich genug gekennzeichnet worden. Ich verweise auf die Ausführungen Gierkes a. a. O. S. 21—24. Das Entscheidende ist, ob wir in die gegebenen Tatsachen „Einheit" willkürlich hineindichten, oder ob die Momente dieses Zusammenschlusses in den Gemütern der Einzelnen liegen, und ich meine, man braucht nur die Augen aufzumachen, um sie zu finden. Wenn Binder aber behauptet, die Theorie unterscheide sich im Grunde nicht von der Fiktions- oder Personifikationstheorie, nur daß diese denominativ sei, jene deskriptiv, diese abstrakt, jene — indem sie die Personifikation in alle Einzelheiten hinein „anschaulich" durchführe — konkret, so wüßte ich mir kein besseres Lob und keine vollgültigere Anerkennung zu wünschen. Das trifft ja gerade den entscheidenden Punkt. Gelingt es der Theorie, die konkrete Wirklichkeit in Gestalt einer psychologischen Persönlichkeit, aus den Vielen, aus bestimmten Seiten ihres Wesens bestehend, deskriptiv und anschaulich aufzuweisen, dann hat sie das Spiel gewonnen. Haben wir diese Wirklichkeit „begriffen", dann bedarf sie ebensowenig noch einer weiteren Ableitung wie das Individuum. Beide sind für das Recht letzte Gegebenheiten. Darum ist die Sache noch nicht einfach. Aber alle Schwierigkeiten liegen in dem weiteren Aufbau, der Grund ist gelegt und der Ausgangspunkt bestimmt.

Meisterhaft hat F. v. Wieser, Recht und Macht, geschildert, wie mit psychologischer Notwendigkeit oder doch Folgerichtigkeit aus den Seelen der Einzelnen und aus weiter nichts wie diesen Einzelnen in ihrem Zusammenklang sich ein Wille und eine Macht aufbauen, die höchst real alle Einzelnen und alle Verbindungen von Einzelnen jedenfalls da überragen, wo es wirklich einen Staat gibt. Von dem Äußerlichsten ausgehend, von der Konvention des geselligen Verkehrs, wo der Einzelne sich unweigerlich nach dem richtet, was „man tut", zeigt er in lebendiger Darstellung höchst anschaulich, wie diese „Psychologie des Man", auf weitere und wichtigere Dinge übertragen, uns alle beseelt und uns in einem Umfange, über den wir uns meist auch im entferntesten nicht eine richtige Vorstellung machen, unter die Herrschaft dieses Gesamtwillens bannt, wie alles zwar, was geschieht, schließlich von einzelnen Menschen getan werden muß, wie aber in dem Einzelnen, Führenden und hinter ihm die Wucht der Kraft der einverstandenen Massen steht und wirksam wird, die Wucht des Massengefühls. „Ludwig XIV. durfte sagen: Der Staat bin ich, nicht bloß weil alle Machtmittel äußerlich in seiner Hand vereinigt waren — so waren sie es auch in der Hand Ludwigs XVI. —, sondern weil sie durch das Gehorsamsgefühl seiner Untertanen in seiner Hand gesichert waren." Den Einzelnen, schlechthin als einzelnen gedacht, erklärt der Verfasser für eine Hilfsvorstellung, die Hilfsvorstellung des mathematischen Egoisten. „Sie ist innerhalb der Schranken von Recht und Sitte gesellschaftlich frei gedacht, wobei dennoch dem Individuum die Kraft innewohnen soll, sich immer dorthin zu bewegen, wohin der größere Vorteil anzieht, so daß es sich ohne andere Rücksicht als die des eigenen Vorteils anderen anschließen und sich von ihnen wieder zurückziehen würde; wie aber könnte auf diese Weise der Zwang erklärt werden, der die Gesellschaft zusammenhält? Das ist nicht etwa bloß der Zwang mit Waffen usw., den ja auch der Egoist versuchen könnte, und auch nicht der Zwang, den die Mehrheit gegen die Minderheit ausübt, sondern es ist in erster Linie der innere Zwang, der die Mehrheit selbst zusammenhält; wie ein stofflicher Körper durch die Anziehungskraft seiner Moleküle, so halten die gesellschaftlichen Körper durch die anziehende Molekularkraft zusammen, die die Individuen verbindet und die gegenüber abstoßenden Kräften, welche auch immer vorhanden sind, die stärkere Kraft ist." Das ist eine daseiende Macht, in die der Einzelne hineingeboren wird und die das Ganze von dem Moment empfängt und übernimmt, der eben vergangen ist. Die Völker sind nicht Schöpfer, sondern Schöpfungen ihrer Kulturen, hat Oswald Spengler gesagt, der mit dieser Paradoxie so recht vor Augen stellt, wie das Ganze nicht minder als die Einzelnen in jedem Augenblick unter der Wucht ihrer Vergangenheit leben, zu der sie von Eigenem nur ein bescheidenes Maß hinzufügen.

Mit seinem klaren Blick für das Gegebene gelangt F. v. Wieser zu einer Begriffsbestimmung des Rechts, der sich die hier vertretene Auffassung außerordentlich nähert. „Denken Sie", sagt er, „jetzt nicht an den Gegensatz von Siegern und Besiegten, sondern denken Sie daran, was die siegende Partei in sich selber zusammenhält, denken Sie daran, was die Macht bei einem souveränen Volke wäre, wo es weder Herrscher noch Beherrschte gibt, und das doch auch die ganze Fülle seiner Macht entfalten will, um sie gegen Übeltäter und äußere Feinde und zum kraftvollen weiteren Fortschreiten im Innern zu gebrauchen. Unter dieser Voraussetzung ist der Machtbesitz eines Volkes sein Besitz an Werten aller Art und unter dieser Voraussetzung will ich denn das Recht definieren als die Ordnung, die sich ein Gemeinwesen gibt, um die ganze Fülle seiner Macht — das will also sagen, die ganze Fülle seiner Werte — mit geringstem Reibungsverlust zu entfalten, eine Ordnung, die es zugleich mit allem Nachdruck seiner Machtmittel schützt. Ordnung, damit meine ich nicht die bloße technische und taktische Einordnung der einzelnen an ihre Plätze, sondern die Ordnung der Ansprüche in Rücksicht auf Disziplin und äußeren Rang, vor allem der Ansprüche in jenem engeren Gebiet, auf das sich der Jurist gewöhnlich beschränkt, nämlich darin, wie das Mein und Dein abgegrenzt werden soll in Rücksicht auf den wirtschaftlichen Besitz und auf alle wertvollen Lebensgüter sonst, die Person und ihre Freiheit, ihre Arbeit, ihre Geltung. So verstanden wäre das Recht die Ordnung der persönlichen Machtsphären, die sich ein Gemeinwesen um der Machtfülle seiner Werte willen gibt und durch alle Mittel seiner Macht aufrechterhält, oder noch kürzer gesagt, das Recht wäre eine Funktion der Macht." Das klingt wörtlich übereinstimmend in die hier vertretene These aus, nur daß der Verfasser zugleich auch auf den Inhalt des Rechts eingeht, womit er, der Absicht seiner Vorträge entsprechend, in das Gebiet des Sozialen und der Sozialphilosophie hinübergreift.

Ich erinnere an oben Gesagtes. Auch in Betrachtung dieses Sachverhalts müssen wir bedacht sein, den vollen Tatbestand im richtigen Maßstab zu sehen. Blicken wir auf dieses oder jenes einzelne, so sehen wir oft genug nur wildes Durch- und Gegeneinander der Meinungen und Bestrebungen und können bestenfalls einen Gesamtwillen nur in der Form der Majorisierung sich bilden sehen. Aber was wir so sehen, sind nur oberste Spitzen, das, was gerade jetzt die Schwelle des Bewußtseins überschreitend die Gemüter beschäftigt und allein zu richten scheint. Was sich dem betrachtenden Auge so verwirrend, dem Ohr so lärmend bietet, ist nur ein Bruchteil des psychologischen Tatbestandes. Mit tausend im Unbewußten verlaufenden und dort sich verknüpfenden Fäden hängt der Einzelne an seiner Umgebung und weiter am Ganzen und will — mag er nun im Augenblick daran denken oder nicht, mag er überhaupt jemals darüber nachdenkend es sich klargemacht haben oder nicht, er will an diesem Ganzen hängen. Wenn er auch vielleicht mit diesem oder jenem einzelnen oder auch mit sehr vielem, ja mit allem, was er bewußt sieht, nicht einverstanden ist, das alles verschwindet gegenüber der Masse dessen, was ihn mit seinem Volke verbindet, das er nicht zerreißen will und gar nicht zerreißen kann. Er will es nicht zerreißen. Vielmehr gerade darum widerstrebt er dem Einzelnen, das ihm sonst gleichgültig sein könnte. Er kann es nicht zerreißen, es sei denn, daß er sich das Leben nähme. Mit dem Auswandern, selbst wenn es ausführbar ist, wäre es nicht getan. Damit würde er Gemeinschaft nicht aufgeben, sondern sie nur wechseln. Höchstens verbliebe ihm eine Robinsonade, die aber, wird sie ernstlich und vollkommen durchgeführt, nicht viel besser wäre als ein Scheiden aus dem Leben selbst. Gehen wir der Psychologie des Vorganges auf den Grund (wobei wir uns dann allerdings auch vor einer Psychologie des Unbewußten nicht scheuen dürfen), so werden alle Widersprüche gegen Einzelnes, auch gegen vieles Einzelne selbst in den krassesten Fällen an innerer Masse und Wucht immer noch weit überragt von der oft freilich nur dumpf gefühlten und instinktmäßig wirkenden Stimmung des Zusammenschlusses. Es ist gar nicht wahr, daß der Verbrecher die Rechtsordnung verneint, im Gegenteil. Der Dieb will gerade mit seiner Beute sein Dasein genießen, das in den Schutz der Rechtsordnung eingebettet liegt, auf deren Wohltat er nicht verzichten will; nicht einmal den § 242 des Strafgesetzbuchs will er verneinen, denn in sehr viel mehr Fällen stiehlt er nicht, und sehr übel würde er es vermerken und vermutlich zum Staatsanwalt laufen, wenn ihm etwas gestohlen wird. Nur in dem einen Fall einer einzelnen Aktion hat er der Versuchung nicht widerstanden. Und darin hat er nun — einige wenige, seine Helfershelfer, seine Freunde vielleicht ausgenommen — alle anderen gegen sich, alle, nicht nur diejenigen immer nur wenigen, die von dem Vorgange erfahren, sondern alle. Gerade das ist die Quintessenz dessen, was wir meinen, wenn wir den Menschen ein soziales Geschöpf nennen, daß er nicht so sehr in dem Bewußtsein, in der Vorstellung, die immer nur Bruchstücke erfaßt, als vielmehr in dem ganz allgemeinen unbedingten Triebe zu derjenigen Ordnung lebt, zu welcher seine Zeit es gebracht hat. Nur langsam in der Entwicklung der Menschheit und sehr lückenhaft, vereinzelt wohl, aber in breitesten Schichten der Bevölkerung überhaupt nicht im Leben der Einzelnen, steigt dieser Wille aus dem Unbewußten herauf, wo er vielleicht auch am besten verbliebe, wo er jedenfalls eindeutiger und zuverlässiger funktioniert. Es ist auch hier so. Der alte Adam ist noch nicht gestorben, er lebt noch in uns allen, und mit jeder Frucht, die wir vom Baume der Erkenntnis genießen, werden wir ein Stück weiter fortgetrieben aus dem Paradiese. Aber selbst der aufgeklärteste Kulturmensch von heute wird es nicht leicht finden, vollständig zu erfassen, was ihn an sein Vaterland und, wenn nicht an das Vaterland, an menschliche Gesellschaft bindet.

Dem praktischen Juristen ist eine Erscheinung wohl vertraut, welche ich an einer anderen Stelle besprochen und als „Blankettwillen" bezeichnet habe.[1]) Übernimmt jemand eine fremde Schuld als eigene, ohne sich über ihre Höhe vergewissert zu haben, geht er einen Dienst ein, über dessen Obliegenheiten er nicht genau unterrichtet ist, so hat er doch die Schuld zu zahlen, wie sie lautet, und seinen Dienst, wie er ist, zu verrichten, weil er es „gewollt" hat. Es ist sein, wenn auch nur allgemein und unbestimmt gedachter, so doch klar und bestimmt erklärter Wille, der ihn bindet. Dieser Blankettwille ist eine im Leben sehr verbreitete Erscheinung, und einen ganz in das Große gehenden Fall haben wir hier. Daß das Bürgerliche Gesetzbuch bei uns gilt, ist genetisch darauf zurückzuführen, daß es seinerzeit vom Reichstag angenommen und vom Kaiser verkündet worden ist. Aber das ist es nicht, was wir damit sagen, daß es heute bei uns gilt. Darin liegt vielmehr, daß jener ganz allgemein auf Ordnung und auf Recht, nötigenfalls auf Zwang gerichtete Gesamtwille auch dieses Gesetz in sich aufgenommen hat und seitdem in sich trägt, gerichtet zunächst nur auf das Allgemeine, eben auf das Gesetz, aber nichtsdestoweniger — vielmehr gerade im Fortgange dessen — das Wirksame dort, wo nun im einzelnen Fall, ohne daß die allermeisten im geringsten etwas davon erfahren, das Gesetz in Anwendung kommt, d. h. zum konkreten Befehl wird. Wo auch immer nach dem Gesetz gelebt wird, besonders augenfällig da, wo es zum Prozeß und zum Richterspruch kommt, ist der Befehl des Gesamtwillens da.

Diese Überlegungen führen wieder zu Bierlings Normenanerkennungstheorie zurück. Man kann verstehen, daß sie bei weitem mehr Ablehnung erfahren hat als Zustimmung. Aber mit seinem Grundgedanken scheint Bierling mir doch, wenn auch nicht auf dem richtigen Wege, so doch an dem richtigen Ausgangspunkte zu stehen. Er sucht und findet die wahre Quelle des Rechts, wenn er die Substanz dessen, was wir das „Gelten" einer Norm nennen, in der überein-

[1]) Ehrenbergs Handbuch des Handelsrechts IV 2, S. 98 ff.

stimmenden Anerkennung der Norm durch alle Individuen der Gemeinschaft erblickt, in welcher nach ihrer Absicht die Norm herrschen soll: „Wie wir etwas", so führt er aus, „als wahr erkennen, indem wir es durch eigenes seelisches Mitwirken — sei es von außen uns entgegengebracht, sei es von uns selbst gefunden — in uns anerkennend aufnehmen, wie das zunächst ein einzelner Akt ist, der dann aber und zugleich damit ein dauernder Besitz wird, ständig bereit, aus dem Unbewußten hervorzutreten, so ist denn auch die Anerkennung einer Norm in diesem Sinn ein dauerndes habituelles Verhalten des Menschen, das zwar in das Gegenteil umschlagen kann, aber nicht schon dadurch aufhört, daß es nicht im Bewußtsein gegenwärtig ist. Von allen anderen Normen unterscheiden sich die Rechtsnormen nur dadurch, daß sie als Regeln des äußeren Zusammenlebens innerhalb eines bestimmten Kreises von Menschen als Genossen gegenüber Genossen anerkannt werden, wobei der Umfang dieses Kreises gerade dadurch wieder bestimmt wird, daß auf ihn die Anerkennung sich bezieht und in ihm sich vollzieht, stets räumlich und zeitlich bestimmt. Diese Anerkennung muß nicht eine freiwillige sein; auch die nur einem, gleichviel wie großen Teil mit Gewalt abgerungene Anerkennung ist wahre Rechtsanerkennung, sofern sie sich als habituelles Respektieren der Norm darstellt. Sie muß auch nicht direkte Anerkennung sein, auch d i e Anerkennung genügt, welche nichts anderes ist als die schlechthin notwendige logische Konsequenz einer direkten Normenanerkennung; das ist zunächst nur ideale Anerkennung, die aber dadurch wirksam wird, daß sie als logisch notwendige Folge der direkt anerkannten begriffen wird. Sie braucht schließlich überhaupt nicht eine bewußte zu sein; vielmehr wird die indirekte Anerkennung regelmäßig und, soweit es sich um künftige Folgenormen handelt, stets eine unbewußte sein; auch die direkte Anerkennung kann mehr oder weniger eine unbewußte sein, schon das kleinste Maß von Bewußtsein genügt, um von einer wirklichen Anerkennung reden zu können."

Daß das in dieser Form allgemein abgelehnt wird, ist, wie gesagt, verständlich. Unhaltbar ist der Begriff einer erzwungenen Anerkennung. Bierling weiß das selbst sehr gut. An einer anderen Stelle und zu einem anderen Zweck — nämlich da, wo er sich gegen die Zwangsnatur des Rechts ausspricht — betont er sehr richtig, daß innere seelische Vorgänge mit Gewalt sich nicht erzwingen lassen. Viel zu weit in seinen Konsequenzen würde den Verfasser der Begriff der indirekten Anerkennung führen. Es wäre schlimm, wenn mit jeder anerkannten Norm, d. h. hier mit jedem anerkannten Rechtssatz, gleich auch alle daraus sich logisch ergebenden Sätze Recht würden (wenn anders es so gemeint ist). So weit sind wir im Ausbau unseres Rechtssystems noch lange nicht. Man wird umgekehrt Mühe haben, diejenigen Rechtssätze aufzufinden und festzustellen, die ohne Ausnahme gelten. Und endlich scheint mir die schlechthin unbewußte und dabei doch direkte Anerkennung eine leere Konstruktion zu sein. Es wird nicht aus dem Tatbestand die Folge abgeleitet, sondern es wird, um zur Folge zu gelangen, der Tatbestand unterstellt.

Und doch ist Bierling hier auf der richtigen Spur; daß er den richtigen Weg trotzdem verfehlt, liegt meiner Meinung an einem Doppelten. Man darf das Erfordernis des Rechtswillens, der Anerkennung oder wie man es nennen will, nicht so, wie er es tut, auf den einzelnen Fall und obendrein auf die einzelnen von diesem Fall gerade betroffenen Persönlichkeiten abstellen. Die Zumutung, daß wir den Schuldner nur unter der Voraussetzung sollen verurteilen dürfen, daß er den Rechtssatz, auf welchem seine Schuld beruht, innerlich anerkennt, geht doch zu weit. Und daran können auch alle Erweiterungen und Ausdeutungen des Anerkennungsbegriffs nichts bessern. In Wahrheit kommt vielmehr im einzelnen Fall gerade darauf gar nichts an, wie die Betroffenen sich innerlich zu ihm stellen. Selbstverständlich will der Gläubiger den Rechtsbefehl, den er vom Richter erbittet, und der Schuldner will selbstverständlich das Gegenteil, und von keinem von beiden läßt sich behaupten, daß er irgend etwas anerkenne, das diesem seinem Willen widerspräche. Nicht der Wille dieser Einzelnen, sondern der Gesamtwillen ist es, der — wenn es zum Prozeß kommt — hinter dem Richter als seinem berufenen Interpreten steht. Dieses entscheidende Moment in dem psychologischen Tatbestand, diese entscheidende Instanz des Gesamtwillens geht Bierling ganz verloren, der zudem so, wie er die Anerkennung zur Grundlage des Rechts und seiner Geltung macht, auf halbem Wege stehen bleibt. Gewiß liegt im Gesamtbewußtsein die Anerkennung der geltenden Gesetze eingeschlossen, ist gerade die Anerkennung die Geltung der abstrakten Gesetze. Aber nicht nur hierauf, sondern nun vor allem auch auf die Anwendung der geltenden Normen, auf den Rechtsbefehl im konkreten Fall ist der Gesamtwille gerichtet. Hier erst wird er als Befehl wirklich und konkret.

Diese Stellungnahme Bierlings hat ihren tieferen sachlichen Grund. Ihm liegt die Autonomie am Herzen, die Autonomie im strengen Sinne des Wortes, wonach innerhalb des Staates engeren Gemeinschaftskreisen für bestimmte Materien eine selbständige, vom Staate unabhängige Gesetzgebungsmacht zustehe. Das wäre mit dem Gesamtwillen des Staates und der in diesem notwendig liegenden Machtfülle natürlich nicht vereinbar. Im modernen oder richtiger im fertigen Staat kann es eine Autonomie nur im Sinne eines abgeleiteten, allenfalls im Sinne eines geduldeten, precario bestehenden Gesetzgebungsrechtes geben. Wo wirklich Autonomie bestimmter Stände oder Kreise besteht, ist es eben zu jener vollendeten Zusammenfassung nicht gekommen, die erst den Staat zu einem vollendeten macht. Was aber insbesondere das Verhältnis von Kirche und Staat angeht, so kommt hier wohl Autonomie im obigen Sinne überhaupt nicht in Frage, wenigstens nicht gegenüber der katholischen Kirche. Ihr Recht will allerdings wahres, selbständiges Recht sein. Aber es will nicht im Staat und neben seinem Rechte bestehen, sondern über ihm. Nur will es sich mit der weltlichen Macht, mit dem, was es dahin verweist, nicht befassen. Damit beansprucht die Kirche nicht eigentlich Autonomie im Staat. Sie will selbst der Staat sein. Der Staat soll aufhören, es zu sein, und die Rolle ihres Vogtes übernehmen. Der Konflikt ist nicht zu lösen. Er ist kein Kampf von Parteien innerhalb eines gefühlten, gewollten, festgehaltenen Ganzen. Der Riß geht mitten hindurch durch den Einzelnen. Um die Seelen geht er, der bald lauter, bald stiller geführt worden ist, immer aber ein Ringen des Staates um seine Existenz bedeutet.

So sagt R. Sohm (Weltliches und geistliches Recht S. 31): „Die mittelalterliche Christenheit ist ein Doppeltes. Sie ist die christliche Welt, sie ist die christliche Kirche. Sie hat eine doppelte Verfassung: die Reichsverfassung und die (römisch-)katholische Kirchenverfassung. In der Form der Reichsverfassung ist sie die Gebieterin der Welt. In der Form der katholischen Kirchenverfassung ist sie die Kirche Christi. In beiden Formen ist sie souverän. In der Reichsverfassung bringt sie das Kaisertum hervor, die weltliche Obrigkeit, in der Form der katholischen Kirchenverfassung das Papsttum, die geistliche Obrigkeit. In der Form der Reichsverfassung erzeugt sie das weltliche Recht, in der Form der katholischen Kirchenverfassung das geistliche (kanonische) Recht." Hierüber hinaus aber kann ich mich für meine Auffassung auf Sohm allerdings nicht berufen. Schon seine Bestimmung des Rechtsbegriffs kommt nicht hinaus über allgemeine Wendungen, die nicht faßbar sind. Bekanntlich hat Sohm die These aufgestellt, daß es seit der Reformation ein eigentliches Kirchenrecht, ein Recht im Sinne des kanonischen Rechts, wie die Kirche es aufgefaßt hat, nicht mehr gebe. Um darüber ins klare zu kommen, müßte man sich mit ihm erst über das Wesen und den Begriff der Rechtsquelle verständigen. Wenn er meint, daß das weltliche Recht des Mittelalters allerdings genossenschaftliches Recht, das kanonische dagegen aus dem christlichen Glauben fließendes Recht gewesen sei, wenn er sagt, die Frage nach den Mächten, welche geschichtlich rechterzeugend gewirkt hätten, entscheide sich nicht nach unserer heutigen Art, darüber zu denken, sondern nach der Auffassung der jeweiligen Vergangenheit, so werden hier zwei verschiedene Fragen durcheinandergeworfen. Wenn man im ganz allgemeinen Sinne unter genossenschaftlichem Recht das Recht versteht, welches aus der Übereinstimmung einer zu einem Ganzen zusammengeschlossenen Vielheit, namentlich also eines Volkes, entsteht, dann gibt es überhaupt kein anderes Recht als genossenschaftliches. Daß auch das kanonische Recht, gleichviel von welchen Organen es gesetzt wurde, daß pragmatisch seine Kraft und Geltung ihre Wurzel in der Einheitlichkeit der hierauf gerichteten Gemüter der Christen hatte, wird dadurch nicht im geringsten in Frage gestellt, daß diese Übereinstimmung, Festigkeit und Leidenschaft der Gemüter ihre Wurzel wiederum in dem christlichen Glauben besaßen. Die ganz allgemein gestellte Frage nach der Rechtsquelle ist eine philosophische und psychologische, keine historische. Wollte man sie verschieden beantworten, je nachdem, um welche Zeit es sich handelt und wie man damals darüber dachte, so wäre das fast ebenso, als wollte man darauf bestehen, daß kosmische und tellurische Vorgänge der Vergangenheit nach dem wissenschaftlichen Standpunkt der Zeitgenossen erklärt werden. *Fast* ebenso, sage ich, denn der Unterschied bliebe allerdings noch, daß für die Art und Weise, wie die Geister sich suchen, finden und vereinen, nun allerdings *ihre* Vorstellungs- und Gefühlsweise entscheidend ist. Auf einem Umwege gibt Sohm das auch selbst zu. Er sagt, daß das Kirchenrecht als solches den Boden verloren habe, für die Protestanten seit der Reformation, für die Katholiken, jedenfalls für die Katholiken Deutschlands, mit der „Aufklärung" und insbesondere mit der Anerkennung der Toleranzidee. Das bedeute, daß gegenwärtig die Idee einer allein seligmachenden äußeren Kirchengemeinschaft für die Rechtsordnung überhaupt verschwunden sei; auch in Deutschland sei die Notwendigkeit der religiösen Duldung ausnahmslose *Volksüberzeugung, Rechtsüberzeugung*. Der Toleranzantrag des Zentrums bestätige, daß auch die katholische Bevölkerung Deutschlands der Überzeugung sei, daß er für das *Rechts*gebiet *keine* kirchliche Zwangsgemeinschaft, d. h. *keine* allein seligmachende äußere Kirchengemeinschaft mehr gebe noch geben dürfe. Die sachliche Behauptung und der Wert der Beweisführung mögen hier dahingestellt bleiben. Mir liegt hier nur an diesem: wenn durch den Wandel der allgemeinen Volksüberzeugung das kanonische Recht aufgehört hat, als solches zu gelten, so muß doch das, dessen Fortfall dem Recht ein Ende bereitet hat, gerade auch das gewesen sein, was, als es noch galt, Wurzel und Quelle seiner Geltung gewesen ist. Ich sehe darin einen Vorzug meiner Theorie, daß sie gegenüber jeder Weltanschauung indifferent ist.

Einige Wendungen in den oben angezogenen Ausführungen v. Wiesers zielen unverkennbar auf die vielberufene Staatslehre von Ludwig Gumplowicz ab, die von einem einheitlichen Staatswillen nichts enthält. Gumplowicz will Empiriker sein, aber seine Beobachtungen sind einseitig und für eine Grundlegung, für eine Theorie des Staates zu wenig durchdacht. Der Grund, auf dem er baut, das immer wiederholte Grunddogma, läßt sich in wenig Worten wiedergeben. Nach ihm entsteht der Staat nur dadurch, daß eine Gruppe von Menschen eine andere Gruppe unterwirft und eine Herrschaftsorganisation über sie begründet. Und der Staat besteht darin, daß eine Minorität über die Majorität die Herrschaft ausübt: „Der Staat ist eine Organisation der Herrschaft einer Minorität über eine Majorität. Das ist die einzig richtige, allgemeinste, d. h. auf all und jeden zutreffende und passende Definition.“ Das ist natürlich für eine Theorie des Staates nicht ausreichend. Es ist nicht einmal, wie der Verfasser behauptet, eine Definition, wenigstens keine, die das Wesen der Sache, die es begrifflich zu bestimmen gilt, erfaßt. Es ist eine Beschreibung, wie es bei den ersten Staatengründungen hergegangen ist und wie es in den gegründeten und bestehenden Staaten aussieht. Es ist eine Beobachtung am Staat, mit der, selbst wenn sie richtig wäre, noch nichts erreicht ist. Wir wollen sehen nicht nur, was geschieht, sondern vor allem auch den Grund, weshalb es geschieht, worauf es beruht, daß es geschieht und daß es so geschieht. Gerade dann, wenn es richtig wäre, daß im Staate eine Minorität herrscht, daß, wie man folgerichtig annehmen müßte, bei einem Kriege zwischen zwei Gruppen immer die kleinere den Sieg davonträgt, gerade dieser überraschenden Behauptung gegenüber muß uns doch doppelt danach verlangen, zu ergründen, wie das kommt. Ferner aber, was heißt Majorität, Minorität, was ist damit namentlich gesagt, wenn wir unsere Blicke auf ein vollentwickeltes Staatswesen richten, von dem das Gesagte nicht minder gelten soll als von ersten Anfängen? Ich sehe, wie ein Schutzmann einen Straßenhändler von der Stelle fortweist, wo er sich mit seinem Karren nicht aufstellen darf. Gehört nun dieser Schutzmann zu der herrschenden Minorität oder zur Majorität? Und wenn man sicherlich ihn nicht in die

Reihe der herrschenden Klasse wird stellen wollen, so doch vielleicht seinen Vorgesetzten, den Polizeileutnant, oder doch den Hauptmann oder wenigstens den Polizeidirektor? Aber auch dieser muß ja schließlich dem Minister gehorchen, und wo stellen wir ihn also hin, unter die Herrschenden oder die Beherrschten? Vor nichts sollte philosophische Betrachtung sich mehr hüten als vor unbegründeten und vorschnellen Hypostasierungen. Majorität und Minorität sind doch keine starren Körper, keine festen Massen. In ihnen ist Leben. Nicht nur in ihnen, sondern auch zwischen ihnen wogt es hin und her. Die Menschen sind voll Leidenschaften und Wünschen und immer von vielen Interessen zugleich beseelt, und je nachdem, um was es sich handelt, wechselt die Gruppierung. Anders scheiden sich die Geister, wenn eine Kirchen- oder Schulfrage, anders, wenn ein Schutzzoll zur Entscheidung steht. Und immer soll die Entscheidung dahin fallen, wo die Minorität steht? Oder was heißt im Staate herrschen? Selbstverständlich muß im Staate, aber nicht nur im Staate, sondern in jeder geordneten Gemeinschaft ein Verwaltungssystem bestehen, das aus technischer Notwendigkeit pyramidenförmig aufgebaut ist, und es wäre übel, wenn nicht die zu diesem Apparat Berufenen einerseits stufenmäßig einander über- und untergeordnet, anderseits sie alle zusammen gegenüber allen anderen in der überwiegenden Minderzahl wären. Aber unmöglich kann doch Gumplowicz das Bild vor Augen gehabt haben, das sich hieraus ergibt. — Zugegeben aber einmal, er hätte doch recht, so sind doch diese beiden Größen, Majorität, Minorität, immer eine Masse von Einzelnen, und für jede von beiden, jedenfalls mindestens für die herrschende von beiden tritt nun dieselbe Frage und dasselbe Problem nach dem e i n e n Willen dieser v i e l e n Menschen auf. In jeder von ihnen sind doch auch die verschiedensten Köpfe und von Fall zu Fall die verschiedensten Meinungen unter einen Hut zu bringen, sind die Widerstrebenden in jene Lage gebracht, in der sie sich oft leicht entscheiden, oft aber sehr mit sich zu Rate gehen werden, ob das Vereinende noch das Trennende überwiegt. Selbst von einer primitiven Horde gilt das in seiner Art, soll anders sie es sein, die kämpft und siegt. Wer von einer Horde spricht, hat damit schon vorausgesetzt, was Gumplowicz anscheinend nicht, wenigstens nicht im Staat, anerkennen will. Ist es „Positivismus“, das n i c h t zu sehen? Richtig ist, daß überall, wo Parteien bestehen, die gesamte Staatsleitung mehr oder weniger ausschließlich nach der Tendenz einer der Parteien gerichtet sein wird, und daß diese Partei zwar nicht immer die Minorität, aber doch sicherlich nicht immer die Majorität vertreten wird. Aber hierauf geht der Gedanke nicht. Denn die auf diese Weise herrschende „Minorität“ beherrscht nicht die Majorität, sondern das Ganze. Sie handhabt die Staatsmacht, hinter der auch der Wille der in der Majorität Befindlichen als Teilsubstanz des Gesamtwillens steht, die nicht daran denken, den Staat zu sprengen, so daß der Kampf, den sie führen — vorausgesetzt, daß er nicht in Revolution ausartet, — ein Ringen nicht gegen, sondern um den Staat ist.

Man sage nicht, daß das nur Worte seien, die an den Tatsachen nichts ändern könnten, und daß Gumplowicz es sei, der hier die Tatsachen gesehen habe, daß es auf die Tatsachen ankomme und nicht darauf, wie wir sie uns in Gedanken zurechtlegen. Denn vor allem ist auch dieser Gesamtwillen eines zu einem Staate geordneten Volkes eine Tatsache, die niemand übersehen darf, der über Staat und Recht richtig denken will. In ihm gerade haben wir die Substanz der Wirklichkeiten, Staat und Recht.

Dasselbe, was an letzter Stelle gegen Gumplowicz eingewendet wurde, muß auch gegen Somlós Staatslehre gesagt werden. Allerdings kennt er, wenn auch, wie wir gesehen haben, in verkümmerter Form, einen Gesamtwillen, den kollektiv-psychologischen Gesamtwillen.[1]) Aber dieser Wille kommt dem Staate ebensowenig zu wie die rechtsbildende Kraft. Die Quelle des Rechts ist allerdings Macht. Aber diese Macht ist nicht der Staat. Sie ist zwar im Staat, aber neben ihm. Sie ist es, die mit dem Recht zugleich den Staat erst setzt, die dem Staat seine Organe, diesen die Rechtsgrundlage ihrer Machtbefugnisse verleiht, die dem Staat seine Verfassung gibt oder vielmehr selbst diese Verfassung — wenigstens in ihren letzten Grundzügen oder Grundlagen — ist. „Da unter dem Willen

[1]) Ganz merkwürdig ist bei Somló das Verhältnis von Gesamtwillen und Gesamtseele gedacht, die doch das eine nicht ohne das andere sein können. Während es einen wirklichen Gesamtwillen gibt, kommt eine Gesamtseele nur auf der uns nun schon bekannten normativen Grundlage zustande, setzt mit anderen Worten eine Norm voraus, welche die Einzelnen zu einer Einheit zusammenzufassen vorschreibt. Wenigstens wird das von der Gesamtseele der Gesellschaft behauptet (S 245 ff.) Danach scheint Somló sich den Sachverhalt so vorzustellen, daß der Gesamtwille immer nur in den einzelnen Akten sich verwirklicht, wo es zu einem übereinstimmenden Entschluß aller kommt. Das ist nun freilich ein sehr einfaches Rezept, wenn man sich von dem Subjekt dieses Gesamtwillens keine Rechenschaft gibt. Wo eine Aktion zustande kommt, läßt man die Dissentierenden fort und hat dann in den übrigen den Willen, der nicht dadurch aufgehört hat, Willen zu sein, „daß die Einzelwillen sich wie Kieselsteine eines Flußbettes gegenseitig abgeschliffen haben, bevor sie gleichgeworden sind.“

des Staates nicht die ausnahmslose Willensübereinstimmung sämtlicher Staatsangehöriger verstanden wird, so kann dieser Begriff nur einen normativen Gesamtwillen bedeuten. Er kann nur durch eine Norm zustande kommen, laut der der Wille irgendwelcher Machthaber dem Staate zugerechnet werden soll. Es liegt für die juristische Grundlehre keine Veranlassung vor, der Gesamtheit der Einzelnen, die den Staat ausmachen, einen Gesamtwillen zuzuschreiben. Wogegen der Einzel- oder (wie gewöhnlich) der Gesamtwille der Rechtsmacht ein unvermeidlicher Grundbegriff jeder Rechts- und Staatslehre ist. Es ist dies um so mehr hervorzuheben, als den Rechts- und Staatslehrern der Begriff des Willens der Rechtsmacht gewöhnlich nicht geläufig ist; sie sind derart gewöhnt, diesen Willen dem Staate zuzurechnen, daß sie überall nur mit dem Staatswillen arbeiten, und gelangen schließlich sogar dazu, auch für den Begriff des Rechts ohne den Begriff der Rechtsmacht auskommen zu wollen und das Recht direkt als Willen des Staates hinzustellen.... Wer die höchste Macht in jenem Sinne der Rechtsmacht hat, ist eine Tatsachenfrage und hat mit der Frage nichts zu tun, wem diese Macht zugerechnet wird.... Das Recht ist nicht der Ausfluß einer konventional zugerechneten Macht, sondern einer wirklich bestehenden. Diese ist aber nicht beim Staat, sondern irgendwo innerhalb des Staates. Sehr oft ist ja die große Masse der staatlichen Gesellschaft durchaus machtlos und die Macht in ganz wenigen Händen. Manchmal ist sie auf breitere Schultern verteilt, aber immer besteht ein beträchtlicher Unterschied zwischen dem Ganzen des Staats, d. h. dem Kreise derjenigen Menschen, die die Normen der obersten Macht befolgen, und dem Kreise der Menschen, die diese Macht tatsächlich bilden."

Das wäre so übel nicht. Schwierigste Fragen der Staatslehre scheinen spielend gelöst. So die Frage, ob der Staat das Recht schafft oder das Recht den Staat, oder ob und wie beides sich gegenseitig bedingt. Es gilt die Rechtsstellung der Staatsorgane zu begründen, die die Gewalt des Staates in Händen haben und doch selbst auch wieder unter dieser Gewalt und ihren Rechtsgeboten stehen sollen, unter dem Recht, das sie bestimmen. Das macht nun gar keine Schwierigkeit mehr, wenn Recht und Staat mitsamt auf einem dritten Faktor stehen, und es ist gar kein Problem mehr, daß die Organe des Staates zugleich über und unter dessen Willen stehen, wenn das Recht auf einer Macht beruht, die neben und also über dem Staate besteht. Es ist klar, daß damit diese Quelle des Rechts, die eigentliche Rechtsmacht, zum Zentralbegriff der Lehre gemacht wird, und man ist gespannt, zu vernehmen, wie Somló diesen Begriff entwickeln wird. Alles kommt darauf an, wie diese Macht in ihrem Ursprung nachgewiesen und nach ihrer Berechtigung begründet wird. Aber da stoßen wir auf dasselbe Ausweichen, das wir schon von Kelsen her kennen, wobei Somló nicht einmal den Schein der Berechtigung für sich hat, mit der Kelsen sich darauf beruft, daß er jede explikative Beobachtungsweise aus seiner Lehre ausscheide.

„Die Verfassung", sagt Somló (S. 309 ff.), „bedeutet in erster Linie die Bezeichnung der Machthaber, die zusammen die Rechtsmacht eines Staatswesens bilden. In diesem Sinne kann es keinen Staat ohne irgendwelche (vielleicht ungeschriebene) Verfassung geben. Diese Verfassung, der Inbegriff der Teile, die zusammen die Rechtsmacht eines gegebenen Staates ausmachen (!), ist eine soziale Tatsache, keine juristische. Es ist das eine Frage gegebener Machtverhältnisse, also eine, die nicht durch einen Rechtsinhalt bestimmt zu werden vermag. Jede Jurisprudenz (S. 312) hat ihre besondere oder konkrete Voraussetzung anzugeben, worin die Rechtsmacht besteht, deren Normen sie darlegen will; sie hat voraussetzungsweise (soll heißen: vor allem anderen, nicht aber hypothetisch) auf die Frage zu antworten, von welchen Urhebern das von ihr behandelte Recht stammt. Dabei dürfen wir uns freilich nicht in die Betrachtung von Geringfügigkeiten, von augenblicklichen Schwankungen und Verschiebungen verlieren. Wir müssen immer vor Augen haben, was Rechtsmacht bedeutet. Es mag ein Herrscher von Geist und Kraft eine Machtfülle an sich reißen, die einem schwachen nicht zusteht. Die Machtstellung eines Ministerpräsidenten eines konstitutionellen Staates wird ganz bedentende Schwankungen aufweisen, je nachdem, wer Ministerpräsident und wer Fürst ist. Ein hinreißender, vergötterter Volkstribun mag der öffentlichen Meinung mancher Volksschichten zu Zeiten eine Bedeutung verleihen, die ihr zu anderen Zeiten mangels entsprechender Führung nicht zukommt. Berücksichtigen wir solche und tausend ähnliche Machtschwankungen und Verschiebungen, so könnte man sagen, daß die tatsächlich auf den realen Machtverhältnissen beruhende Verfassung eines Staates in beständigem Flusse sei und nur Momentaufnahmen gestatte. Erinnern wir uns jedoch dessen, was wir über das Wesen der Rechtsmacht gesagt haben, so erkennen wir leicht, daß diese Schwankungen nicht das treffen, worauf es uns ankommt. Stände hinter ihnen nicht ein relativ fester Kern, so könnte ja von einem Rechte und einem Staate überhaupt nicht gesprochen werden. Nur auf das Allgemeine (?) und auf das relativ

Beständige im Flusse dieser fortwährenden Machtreibungen und Verschiebungen kommt es für unseren realen Verfassungsbegriff an, nicht auf einen augenblicklichen Stand der Schwankung."

Das ist alles, was ich zur Ableitung des Begriffs der Rechtsmacht in dem Buche habe finden können. Ich habe die Stelle wörtlich angeführt, um dem Leser die volle Anschauung zu geben. Diese Begriffsbestimmung Somlós ist das genaue Gegenstück zu seiner Begriffsbestimmung des Rechts, auf die sie ja auch deutlich hinweist. Alles, was wir zu jener sagten, trifft auf diese zu. Es ist überhaupt keine definitio, sondern eine descriptio, eine pictura. Und sie ist als solche — das ist an dieser Stelle die Hauptsache — nicht einmal richtig. In dieser Beziehung kann ich nur auf meine gesamten Ausführungen zurückverweisen. Es ist ein ganz lückenhafter Tatbestand, den Somló wiedergibt. Er sieht nur, was oberflächlich zutage liegt, und läßt nur das gelten, was jeweilig in den Einzelnen bewußterweise vorgeht, und daher entgeht seinem Blick die Hauptsache, der Zusammenschluß zum Ganzen. Es entgeht ihm die wuchtige Masse, welche in verwickelten psychologischen Vorgängen durch die Verkettung aller vergangenen Erlebnisse mit dem jeweilig Gegenwärtigen jene Grundstimmung, jene ganze Mentalität des Ich ausmacht, die das eigentlich Bestimmende seines Wesens ist, von dem das bewußt Geschehende nur kommende und gehende Einzelausflüsse bilden. So klafft denn auch logisch in der Lehre eine Lücke. Somló nimmt das Ganze, die Gegebenheit der einzelnen Staaten ganz unbefangen hin. Er setzt sie ohne weiteres voraus. Es fehlt an jedem Prinzip der Bestimmung dessen, was denn die Einzelheit und Selbständigkeit des Staates ausmacht und bedingt. Auch hier bedarf es sozusagen eines principium individuationis. Es ist doch ein Unterschied, ob ein Staat, ein Volk das andere bekämpft, besiegt und in der einen oder anderen Form vielleicht auch dauernd in Abhängigkeit hält, oder ob im Staat die eine oder die andere Gruppe die Oberhand hat. Der Kampf der Interessen, der Parteien, der Stände, der Klassen im Staat ist grundverschieden vom Krieg. Und er ist das deshalb weil bei ihm, selbst bei der größten Erbitterung der Gedanke, und zwar auf beiden Seiten der Gedanke des Zusammenschlusses über den Vorgängen schwebt und ihnen zugrunde liegt, ähnlich, wie wir im kleinen bei Ehen sensibler Naturen beobachten können, daß gerade das Bedürfnis nach Vereinigung es ist, was das Zerwürfnis gebiert und nährt.

Es wird wohl in aller Ewigkeit so bleiben, daß im Staate immer nur eine Minorität herrscht, wenn man hierbei diejenigen im Auge hat und zählt, die berufen sind, in ihrer Person den Willen des Staates auszuüben und auszuführen. Das wird um so mehr der Fall sein, je größer die Staaten sind. Aber auch diese Minorität besteht letzten Endes immer nur aus Einzelnen, aus einzelnen Menschen, nicht stärker als andere auch. Es gilt nicht nur die Tatsache ihrer Machtentfaltung zu sehen. Es gilt, diese Tatsache durch Analyse des Sachverhalts zu verstehen. Es gilt zu verstehen, worauf ihre die Kräfte aller Einzelnen und aller Gruppen überragende Macht beruht und woher sie ihre Berechtigung nimmt. Wir wollen nicht Geschichte haben oder Statistik, sondern Theorie, eine Theorie, mit der wir das Problem nicht lösen, an der wir es aber richtig formulieren und in seiner ganzen Schwierigkeit durchschauen. Denn gerade das gilt es, den Staat so einzurichten, daß der Einzelne nicht von Einzelnen, auch nicht von Gruppen von Einzelnen, sondern von einem Ganzen beherrscht wird, an welchem in dieser aktiven Funktion auch er an seiner Stelle Anteil hat.

Inhaltsverzeichnis.

Druck von Otto Walter, Berlin S 14.

Druck von Otto Walter, Berlin S. 14

FSC
www.fsc.org
MIX
Papier | Fördert
gute Waldnutzung
FSC® C083411

Kolibri 360 GmbH
Ferdinand-Jühlke-Straße 7
99095 Erfurt, Deutschland
produktsicherheit@kolibri360.de